3

植物里的汉字之美

廖文豪 著

甘肃人民美术出版社

图书在版编目（CIP）数据

汉字树．3／廖文豪著．-- 兰州：甘肃人民美术出版社，2014.12（2016.4 重印）
ISBN 978-7-5527-0318-4

Ⅰ．①汉… Ⅱ．①廖… Ⅲ．①汉字-通俗读物 Ⅳ．① H12-49

中国版本图书馆 CIP 数据核字（2014）第 278880 号

汉字树 3
廖文豪 著
出 版 人／吉西平
封面题字／青石
责任编辑／田园

项目策划 紫图图书 ZITO®
丛书主编 黄利 监制 万夏
特约编辑 张耀强 安莎莎
装帧设计 吉松薛尔 紫图装帧

出版发行：甘肃人民美术出版社
地 址：兰州市读者大道 568 号
邮 编：730030
电 话：0931-8773121（编辑部）
0931-8773269（发行部）
E-mail：gsart@126.com
网 址：http://www.gansuart.com
印 刷：北京尚唐印刷包装有限公司
开 本：710 毫米 ×1000 毫米 1/16
印 张：12
字 数：100 千
版 次：2015 年 1 月第 1 版
印 次：2016 年 4 月第 2 次印刷
印 数：5001 ~ 15000 册
书 号：ISBN 978-7-5527-0318-4
定 价：45.00 元

序

《汉字树》系列发行以来，读者的支持与鼓励让我非常感动。有读者表示要带着《汉字树》前往国外教中文，又有分别从美国、澳洲等教授中文的老师来函问候，并希望我能建立网站并发行电子版本，使外国学生能透过图像来认识汉字。此外，也有从中国大陆及香港地区的读者来函表示对繁体字的热爱等等。这些鼓励，我铭记在心，也将更努力以不辜负读者的期望。

《汉字树》先后出版了两册，陆续有读者问到共有几册？整体的结构与内容为何？我的规划是，《汉字树》共有七册。第一至四册是讨论有关“生物”的汉字，第五至七册是讨论无生物的汉字。就生物部分而言，又分成第一册人篇，第二册人体器官篇，第三册植物篇，第四册动物篇；就无生物部分而言，则分成第五册器物篇，第六册房舍篇，第七册自然界篇。这七册可以说网罗了大部分的常用汉字。

《汉字树3》主要介绍汉字里的植物。汉字对于植物的表达非常绝妙，光是一株“屮”（音草）的汉字树就几乎将所有的植物一网打尽。“屮”的古字ᛉ代表一棵向上生长的植物，有茎有叶，因此，许多与植物有关的重要汉字构件都包含这个符号，由这些基础构件又可衍生出非常多的汉字，不仅包含了各种植物，也包含了以这些植物所制造出来的各式用具。

过去一年，非常感谢各教育部门、台北市文化局、台湾大学、台湾师范大学、敏隆讲堂、元智大学、宜兰大学等十余单位的演讲邀请，使我能将《汉字树》分享给许多听众。在龙安国小演讲时，孩子们的热烈回应让我印象深刻。本以为小学生很难听得懂汉字字源的解说，没想到他们透过图像所产生的直觉性反应、认知能力往往超越于会思考的成人。我期望能将古人的造字文化透过图像来启发孩子，借以激发孩子的艺术与创造能力，并激起他们对汉字的热爱。

有些国外大学教授以此方式教授中文，受到外国学生的喜爱。当他们看见象形字，往往迫不及待地想知道其中意义并玩起猜字游戏。可见，图像传达是人类与生俱来的能力与渴望。我们拥有全世界最完整的图像文字系统，若不加以开发利用，诚然是浪费了祖先所赐的丰厚文化资产。

《汉字树》简体字版发行后，非常感谢同处于汉字文化圈的读者给予的热烈支持。相信透过两岸的交流与合作，未来一定能发展出最有逻辑系统、最有趣且易学的汉字图像文化。

廖文豪

候教处（Email : liao@mail.ntcb.edu.tw）

目　录

植物里的汉字之美 1

第一章 屮 6

8 “屮”的衍生字——不 9　否 10　屯 10　春 10　早 11　朝 11　潮 12　草 12　卓 12

13 “艸”的衍生字——芻 13　莖 13　花 13　菜 15　卉 15　奔 15　茻 15　莽 16　莫 16　慕 16　幕 16　墓 17　葬 17

18 “丰”的衍生字——奉 19　彗 19　慧 19　雪 20　豐 20　封 21　邦 22　夆 22　毒 22　青 23　素 23　孛 23　勃 24　悖 24

25 “生”的衍生字——生 26　姓 26　隆 26　牲 27　性 27　產 27　星 28　晶 28　參 29　滲 29　昴 29　韭 30　㦰 30　韱 30　殲 31　懺 31　籤 31

32 “木”的衍生字——
朩 32 麻 32 散 33
34 “竹”的衍生字——
筮 34 筆 34 等 36 算 36 篡 37 纂 37
筍 37 笑 37 筋 38 答 38 箏 38 籥 39 筑 39
40 “耑”的衍生字——
耑 40 端 41 揣 41 瑞 41 班 42
惴 42 湍 43 踹 43

第二章 木 44

47 “木”——树木——
本 49 末 49 朱 49 未 49 昧 50 制 50
製 50 果 50 裸 51 杏 51 李 51 某 51 桼 52 世 52
枼 53 葉 53 蝶 53 丕 54 胚 55 音 55 培 56 倍 56
陪 57 剖 57 賠 57 部 58 埶 58 褻 59 勢 59 熱 59
藝 59 林 60 禁 60 森 60 楚 61 楙 61 樊 61 攀 61

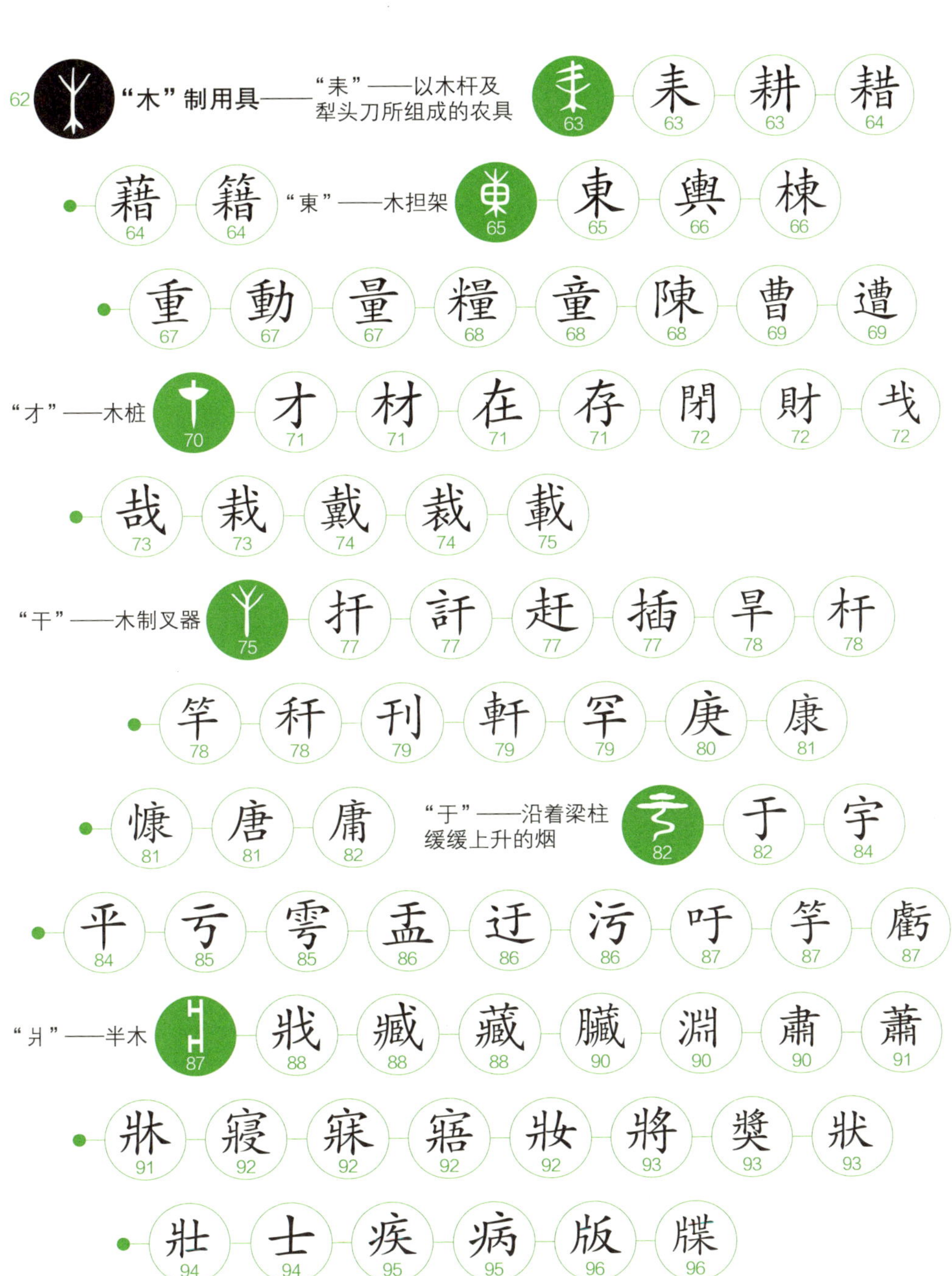

62 “木”制用具——“耒”——以木杆及犁头刀所组成的农具 63
耒 63　耕 63　耤 64
藉 64　籍 64
“東”——木担架 65
東 65　輿 66　棟 66
重 67　動 67　量 67　糧 68　童 68　陳 68　曹 69　遭 69
“才”——木桩 70
才 71　材 71　在 71　存 71　閉 72　財 72　𢦏 72
哉 73　栽 73　戴 74　裁 74　載 75
“干”——木制叉器 75
扞 77　訐 77　赶 77　插 77　旱 78　杆 78
竿 78　秆 78　刊 79　軒 79　罕 79　庚 80　康 81
慷 81　唐 81　庸 82
“于”——沿着梁柱缓缓上升的烟 82
于 82　宇 84
平 84　亐 85　雩 85　盂 86　迂 86　污 86　吁 87　竽 87　虧 87
“爿”——半木 87
戕 88　臧 88　藏 88　臟 90　淵 90　肅 90　蕭 91
牀 91　寢 92　寐 92　寤 92　妝 92　將 93　獎 93　狀 93
壯 94　士 94　疾 95　病 95　版 96　牒 96

97 “束”——捆柴—— 束 98　速 98　賴 99　懶 99　辣 99

“柬”——挑选 100 —— 柬 100　揀 100　練 100　諫 100　煉 101　闌 101

第三章 禾 102

105 “禾”的衍生字—— 黍 106　稻 106　稷 107　來 107　麥 107　香 108

稟 108　廩 109　嗇 109　牆 109　歷 109　種 110　移 110

齊 111　齋 111　秉 112　兼 112　廉 112　利 113　秀 113　穆 113

秋 114　年 114　科 114　秤 115　程 115　租 115　稅 115

穌 116　和 116　秦 117　委 117　禿 118　季 118

119 “朿”的衍生字—— 朿 120　刺 120　棘 120　棗 120　策 121　責 121

債 122　積 122

123 “帚”的衍生字—— 掃 124　浸 124　婦 124　歸 125　侵 125

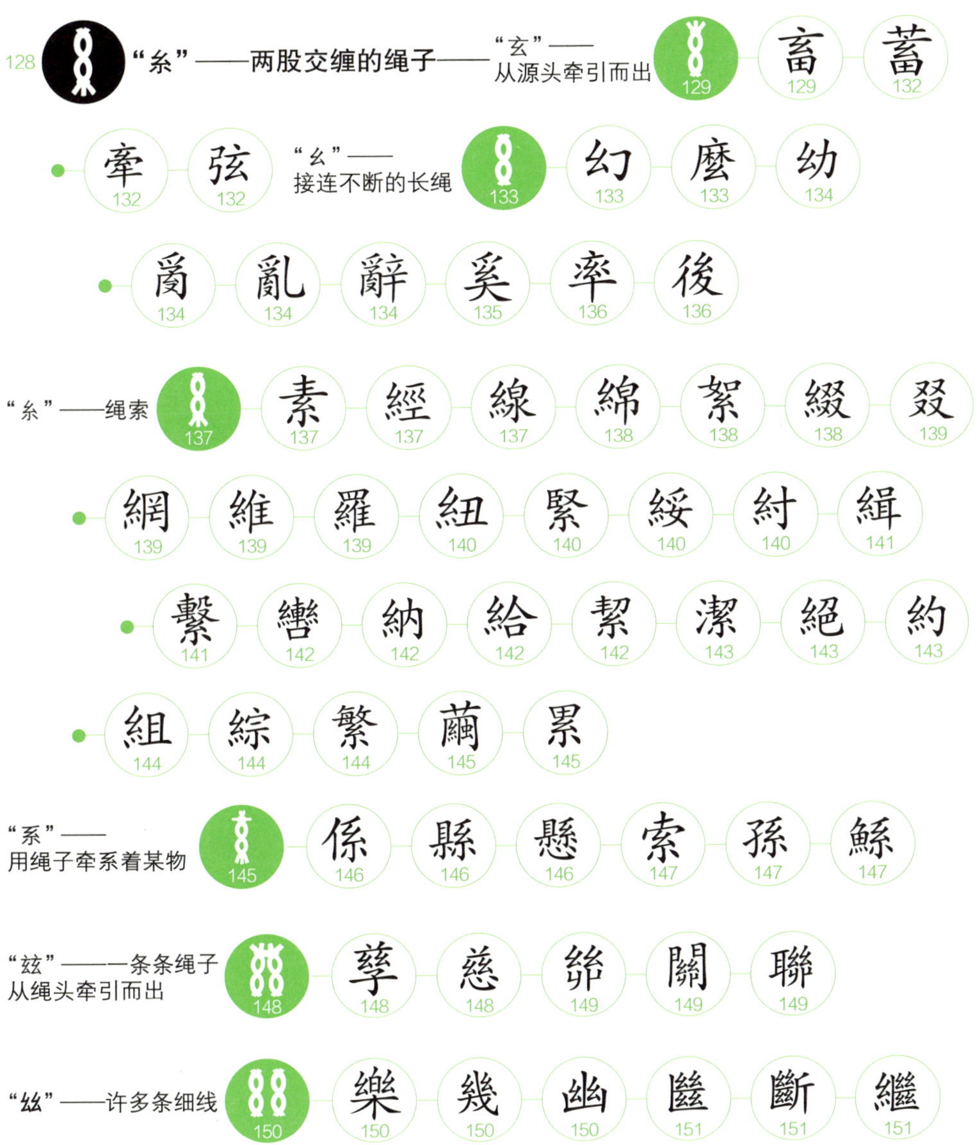

第四章 **绳索** 126

128 “糸”——两股交缠的绳子——“玄”——从源头牵引而出 129
畜 129　蓄 132　牽 132　弦 132

“幺”——接连不断的长绳 133
幻 133　麼 133　幼 134　𤔔 134　亂 134　辭 134　奚 135　率 136　後 136

“糸”——绳索 137
素 137　經 137　線 137　綿 138　絮 138　綴 138　叕 139
網 139　維 139　羅 139　紐 140　緊 140　綏 140　紂 140　緝 141
繫 141　轡 142　納 142　給 142　絜 142　潔 143　絕 143　約 143
組 144　綜 144　緐 144　繭 145　累 145

“系”——用绳子牵系着某物 145
係 146　縣 146　懸 146　索 147　孫 147　鯀 147

“兹”——一条条绳子从绳头牵引而出 148
孳 148　慈 148　𢇇 149　關 149　聯 149

“丝”——许多条细线 150
樂 150　幾 150　幽 150　𢇛 151　斷 151　繼 151

"絲"——细丝线或丝弦
151
㬎 151
顯 152
濕 152
䜌 152
變 153
彎 153
鑾 153
孌 154
鸞 154
巒 155
學 155
戀 155
蠻 155
156
一条弯曲的绳子——
弗 158
費 159
夷 159
弔 159
弟 160
悌 160
尺 161
局 161
尤 162
就 162
紀 163
記 163
改 163
"西"——
束紧布袋的绳子
164
西 164
栗 164
粟 165
垔 165
甄 165
煙 165
湮 166
晒 166
栖 166
遷 166
賈 167
票 167
漂 167
縹 167
瞟 168
標 168
鹵 168
鹽 169
滷 169
鹼 170
鹹 170
覃 170
潭 171
蕈 171

索引 172

植物里的汉字之美

中国的汉字，堪称世界上最美的文字。汉字之美，美在许多汉字身上都藏着一段故事。我们的祖先创造了大量与植物相关的汉字，咀嚼汉字的同时，也可以欣赏美妙的自然，我们可以从大自然的花草树木身上感受到汉字的无穷魅力和独特之美。

汉字对于植物的表达非常精妙，“屮”“木”“禾”“糸”等都可以表示植物。在林林总总的汉字基础构件中，几乎每一个与植物相关的重要汉字都包含这些符号。

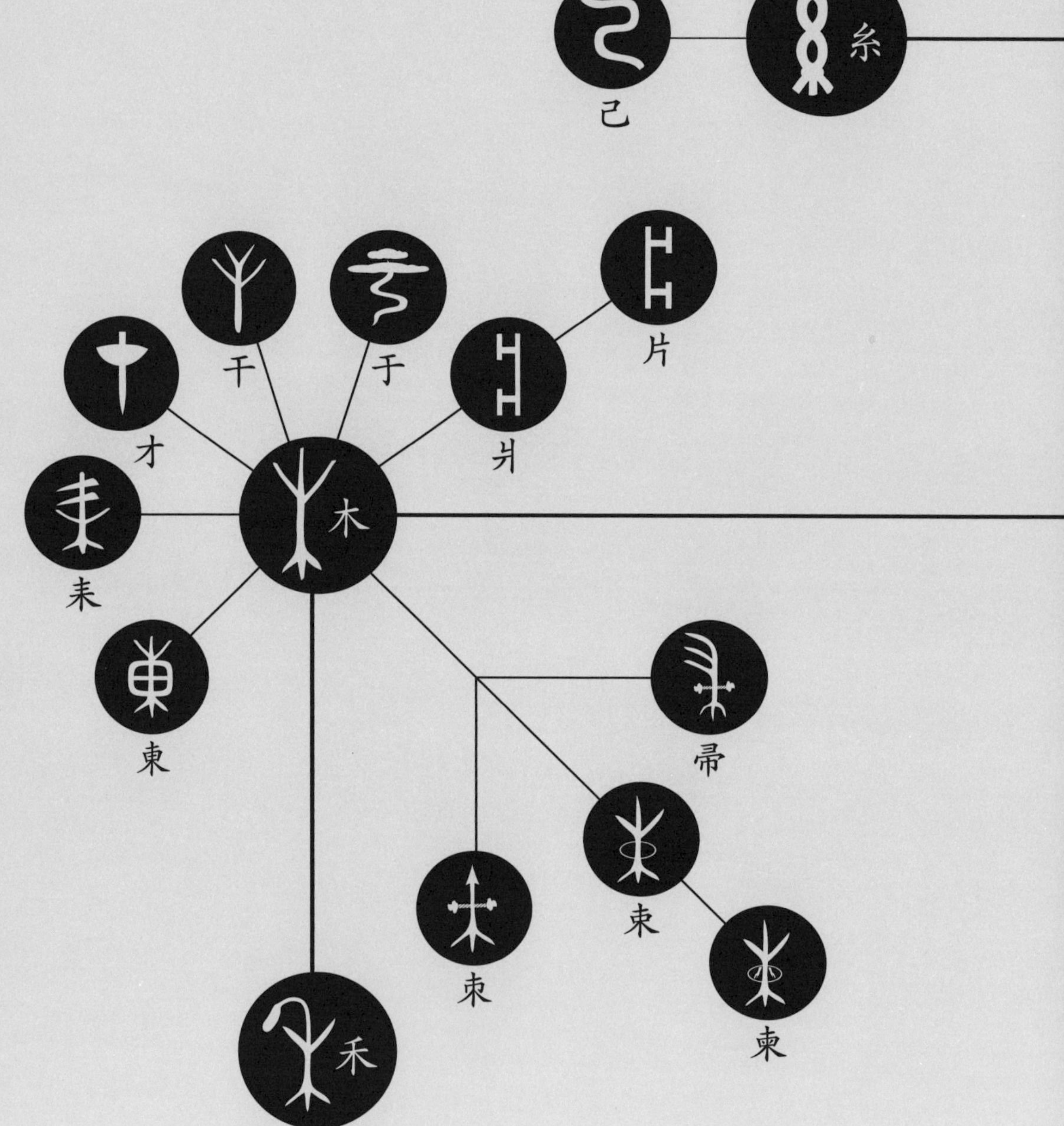
己
糸
干
于
片
才
爿
耒
木
東
帚
束
朿
柬
禾

与植物相关的汉字

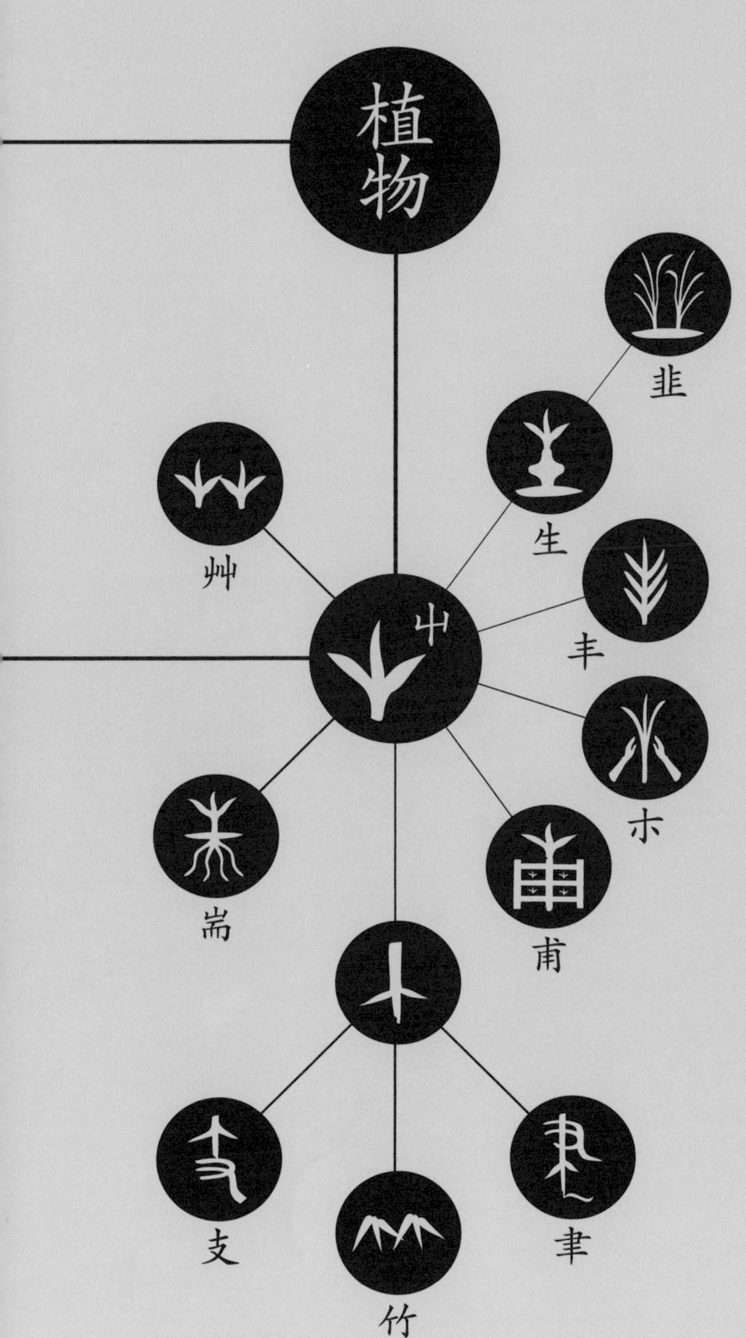

与植物相关的基础构件

示意图	楷体	构字本义	衍生的常用汉字
	屮	有茎叶的植物	
	艸 艹	小草	卉茻若芻奔莫莽葬慕幕墓等
	丰	枝叶茂密的植物	豐奉彗夆邦封青毒素孛等
	生	从土里长出小草	姓性牲星產隆甦不韭等
	韭	从土里长出一丛细长茎叶	韱籤殲纖孅等
	朩	将植物的茎一丝丝地分散	散麻摩魔磨麼等
	甫	在农田里培育小苗	匍苗圃専傅博敷等
	竹	竹子	等策籍筆笑筋笱竽籥筝筑算筮等
	聿	手持竹笔书写	筆書畫晝盡建律肇肄肆肅等
	支	手持竹子枝条	鼓肢枝翅技技歧等
	耑	植物的上下两端	端揣瑞惴湍踹
	木	有根、茎的植物	本末朱未果某李杏森林楚樂栽 埶干爿禾東束等
	耒	以木杆及犁头刀所组成的农具	耕耤籍藉等
	東	木制担架	東重動量糧陳曹遭童等

注：此处楷体是指汉字发展过程中，由隶书演变而成的趋于规范化的标准写法，并非我们平常所说的字体样式。

	才	木桩	材存在閉財栽哉戴載等
	干	木制叉器	扞訐趕旱桿竿稈乖插軒罕庚唐康庸等
	于	梁柱	宇平
	亏	沿着梁柱升上天空的烟气	竽盂污迂吁虧夸雩粤等
	爿	木的左半边，代表床或墙	牀牆戕寢寐寤將妝臧疾病疒淵肅蕭
	片	木的右半边，代表木片	牌版牒牘牖等

	禾	有根、茎、麦穗的植物	來利秉和黍稻稷麥穀稟秦穆秋科稅齊香等
	柬	用绳子将木材捆扎起来	辣賴刺速敕柬揀練煉諫闌欄等
	朿	有根、茎、尖刺的植物	棘刺責棗策等
	帚	一捆可用来扫地的植物	掃婦歸浸侵寢等

	糸	一条两股交缠的绳子	維綱網紀約紐糾緊素絕繼綴繁
	己	一条弯曲的绳子	弗費夷弔弟紀記改

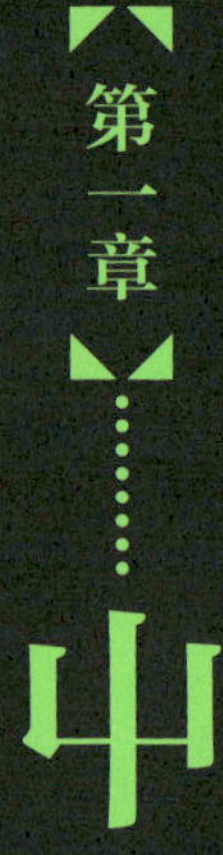

第一章 屮

“屮”的古字代表一棵向上生长的植物，因此，许多与植物有关的汉字构件都包含这个符号。

聿
屮
竹
支
丰
朩
耑
艸
生
韭
甫

“中”的衍生字

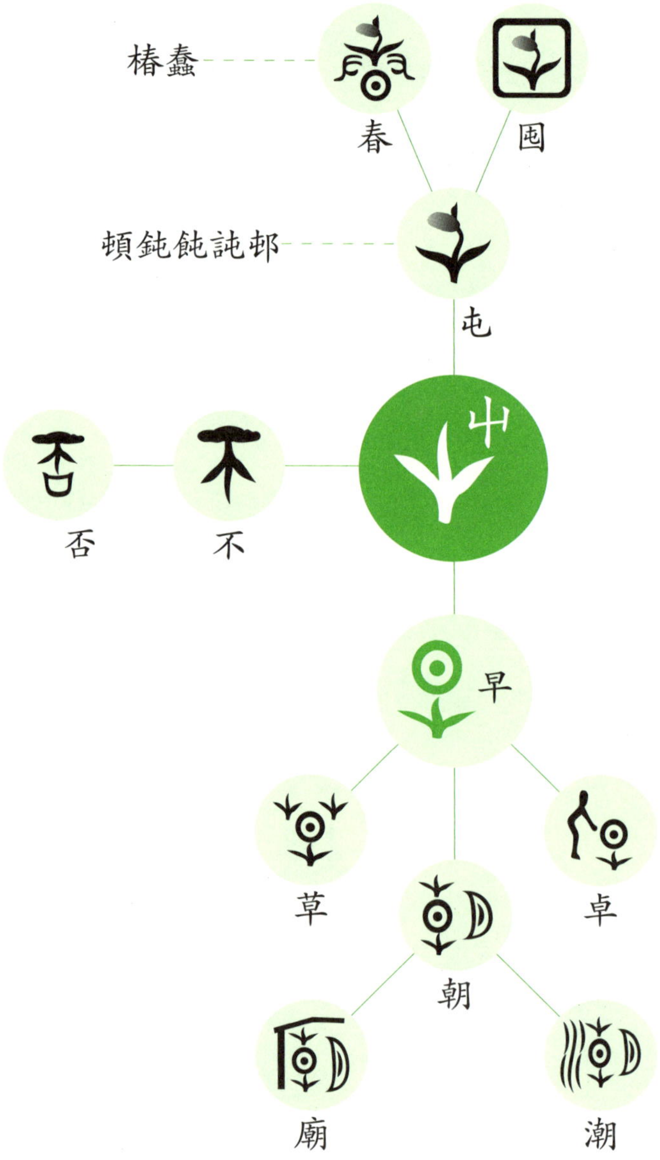

不

bù

逆天生长的草。

古人观察植物的生长，发现所有的花草树木都是朝着天、向上茁壮生长，没见过哪个植物是倒过来长的。甲骨文 呈现一株生长正常的植物，根往下长，但茎干朝上发展，然而，“不”的甲骨文 、 、 及金文 却是一株倒过来生长的植物，上面的一横或两横代表天，更清楚表明其逆天生长的含义。古人体会出所有植物都顺天而长，绝不逆天而长，所以，人也应顺天而行，不能违反天道。有不少古字都是以一横或两横来代表天，像是天、云、帝、示、辛、不。

现代汉字	古字一横	古字两横
天		
云		
帝		
示		
辛		
不		

否

fǒu

或 pǐ。“口”里（ㅂ）说“不”（ ）。

金

屯

tún

或zhūn。**种子萌发新芽。**

春天到了，各种植物的种子破土冒出新芽。甲骨文 、金文 、 代表种子萌发新芽。没过几天，小小的种子芽苞绽放出一簇新叶，古人认为，种子在冬天休眠期必定蓄积了极大的能量，芽苞是能量释放出来的结果。于是，“屯”便引申出蓄积或聚集的意思，如屯聚、屯兵制等。《玉篇》：“屯，万物始生也。”“屯”是“囤”的本字，囤（ ）表示将物品“蓄积”（ ，屯）在某地（ ，囗），囤积。

甲 金 篆

春

chūn

趁着温暖阳光（ ，日）上升时，赶紧用“两只手”（ ，廾）将“发新芽的种子”（ ，屯）种在土里。

金文 代表在温暖的日（ ）光照射下，发新芽的种子（ ）纷纷长出繁茂的枝叶（ ）。篆体 则有了一点改变，代表在阳光下，两只手将含苞

金 篆

待放的新芽种在土里，似乎有劝人及时播种的教化意义，之后又简化成 [glyph]，几乎与现代汉字一样。

早

zǎo

太阳（ [glyph]，日）从草地（ [glyph]，屮）上渐渐升起。古人刻意用低矮的“草”来形容低空的太阳，因此，代表早晨的汉字如“朝”与“早”都含“屮”（小草）的符号。篆体 [glyph] 中的“十”字到底是什么？虽然尚未发现“早”的甲骨文及金文，但对照“朝”与“卓”的甲骨文就可以发现，“十”是由“屮”简化而来的。

篆

示意图	楷体	甲骨文	金文	篆体
[glyph]	朝	[glyph] [glyph]	[glyph] [glyph]	[glyph]
[glyph]	早			[glyph] [glyph]
[glyph]	草			[glyph]
[glyph]	卓	[glyph]	[glyph] [glyph]	[glyph] [glyph]

朝

zhāo

或cháo。**太阳（ [glyph]，日）已从“草”丛（ [glyph] ）中升起，但“月”亮（ [glyph] ）尚未隐没，这是清晨的景象。**甲骨文 [glyph] 表示太阳已从草丛中升起，而月亮还在天际。“朝”的相关用词如朝阳、朝会等。在周朝，大官必须于“天亮前”就进入王宫，与君王商讨国是，所以称为“上朝”或“早朝”，而一大清早商议国是的地方则称为“朝廷”。因为一大清早就要

甲

金

篆

去面见君王，所以又称为“朝见”。

潮

cháo

“清晨”时（ ，朝），“水”位（ ）出现变化。

“潮”是白天的水位出现变化，“汐”是晚上的水位出现变化，合称为“潮汐”。

金 篆

草

cǎo

清“早”（ ）冒出来的“艸”（ ）。

甲骨文 有中、太阳及月亮三种符号，它是“早、草、朝”分化前的本字。篆体写成 、 ，是艸与早所组成的会意字。

甲 篆

卓

zhuó

“早”（ ）起的“人”（ ）。

由于“清早的太阳”将“人”投射出高大的身影，所以“卓”引申为高大挺拔，相关用词如卓立、卓越等。“趠”的甲骨文 的右偏旁 呈现一个站立的人、小草（ ）及太阳（甲骨文 、 都是太阳的象形字），金文 、 及篆体 是逐步调整笔画的结果。古人以“卓”来勉励人要勤奋早起，不要睡懒觉，才能成大功、立大业。“晨”也有同样的教化概念，“晨”代表“太阳”升起就前往“河岸边开垦农田”（请参见“晨”）。

甲 金 篆

“艸”的衍生字 

在汉字构件里，一根草叫作“屮”，两根草叫作“艸”，三根草叫作“卉”，四根草叫作“茻”。

芻 刍

chú

以“手”（ ）拔“草”（ ）。

“刍”的本义为拔粮草喂牛羊，引申为粮草，相关用词如刍秣（供牛羊吃的粮草）、反刍等。“芻”的简体字为“刍”。

甲 金 篆

莖 茎

jīng

“艸”本植物（ ）的“垂直”（ ，巠）枝干。

篆

花

huā

由“艸”（ ）转“化”（ ）之物。

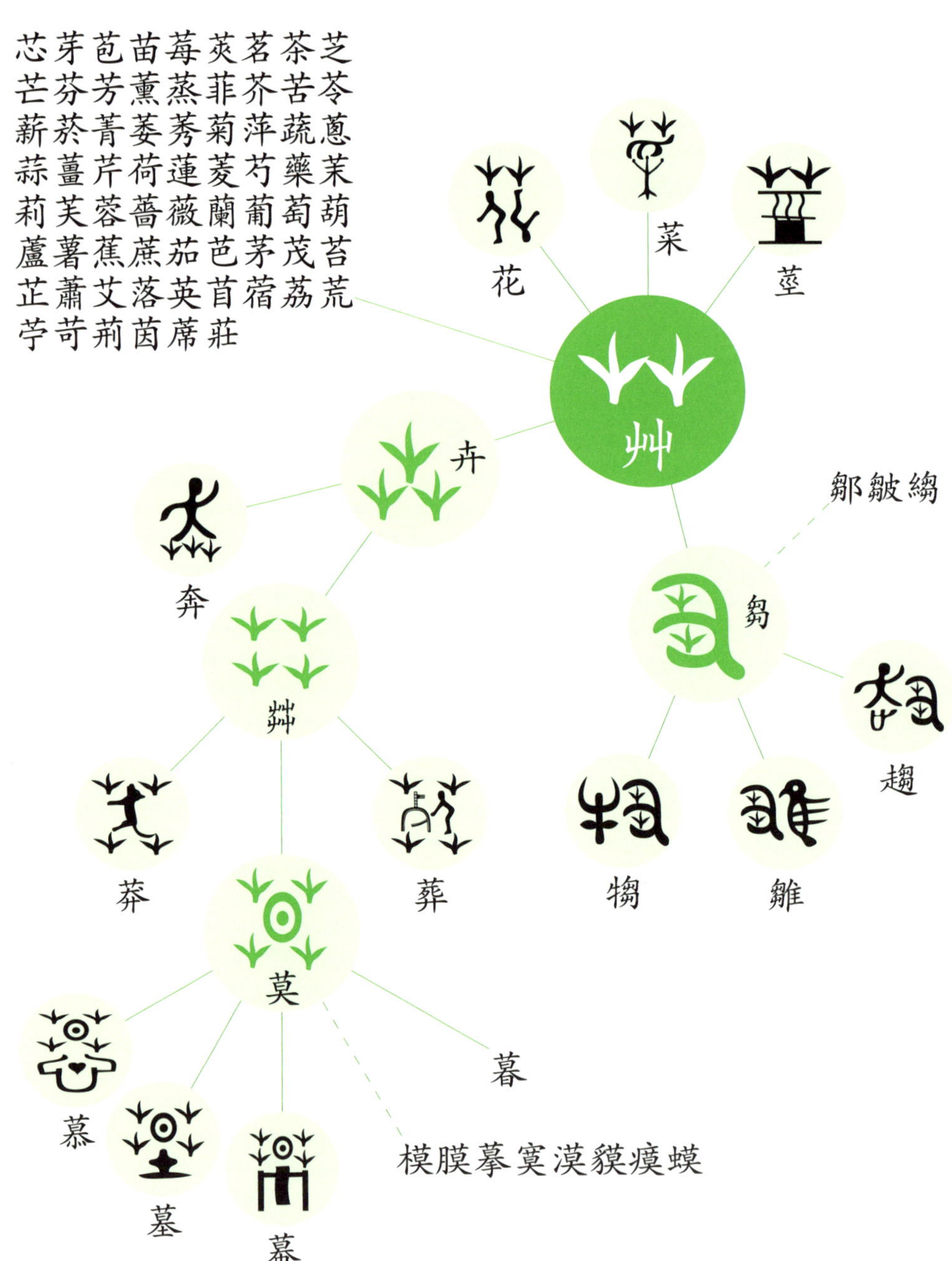
芯芽苞苗莓荚茗茶芝
芒芬芳薰蒸菲芥苦苓
薪菸菁萎莠菊萍蔬蒽
蒜薑芹荷蓮菱芍藥茉
莉芙蓉薔薇蘭葡萄葫
蘆薯蕉蔗茄芭茅茂苔
芷蕭艾落英苜蓿荔荒
苧苛荊茵蓆莊
花
菜
莖
艸
卉
奔
茻
莽
葬
莫
慕
墓
幕
暮
模膜摹寞漠貘瘼蟆
芻
鄒皺縐
趨
犓
雛

篆

菜

cài

可以“采”（，采）来食用的“草或叶”（艸）。

金

芔

huì

众多草类。

古人以“三”代表多，所以，三根草代表众多草类。“芔”是“草”的总称。

金
篆

奔

bēn

在草原（芔）上快跑的人（大）。

相关用词如狂奔、奔走。

篆

茻

mǎng

茂盛的野草四处蔓生。

“茻”是“莽”的本字。

莽

mǎng

狗（，犬）隐没在“茻原”（）里。

“莽”引申为草木又多又深，相关用词如草莽、莽汉等。

篆

莫

mò

太阳（）隐没在“茻原”（）里。

“莫”是描写黄昏时刻，本义为太阳逐渐隐没，是“暮”的本字，引申为没有、不要，相关用词如莫名、莫非、莫怪等。

甲

金

篆

慕

mù

太阳逐渐“隐没”（，莫）时的“心”情（）。

“夕阳无限好，只是近黄昏。”这是李商隐传诵千古的美丽诗句，道出了人对夕阳的迷恋不舍。“慕”引申为依恋或思念，相关用词如羡慕、仰慕等。

金

篆

幕

mù

使景物“隐没”（，莫）的一块布（，巾）。

古代覆盖车轿或帐篷的布巾称为“幕”，相关用词如帘幕、帷幕、帐幕、幕僚等。

墓

mù

将人“隐没”（，莫）的“土”堆（）。

篆

葬

zàng

把“死”人（）隐没在“茻原”（）里。

让死人回归尘土与莽原是古代习俗，即便无法得莽原而葬，也要在埋葬处以草覆盖。《说文》：“葬，藏也。从死在茻中。”

篆

“丰”的衍生字

、及都是“丰”的古字，具有生长茂盛的含义。古人以“（屮）”代表向上生长的植物，然后在此植物的两侧再添加几根枝叶，用以象征一株生长茂盛的植物。

奉

fèng

众手（ ）同心献上“丰”（ ）盛的礼物。

古人非常重视秋收后的祭典。为了感谢神赐丰收，于是将所收获的谷物、果实献给神。金文 表示以双手（ ）呈献“丰盛”（ ）的礼物，“丰”也是声符；篆体 则又加了一只手（ ），表示众人同心献上。“奉”引申为恭敬地呈献，相关用词如敬奉、奉养、奉命等。

金

篆

彗

huì

一只“手”（ ）将两支“茂密的植物”（ ，丰）组合成扫帚。

“彗”的本义为制作扫帚，引申为扫帚，如彗星，又名扫把星，因为彗星靠近太阳时会产生长长的尾巴，形状犹如扫把。《广韵》：“彗，帚也。”

金

篆

慧

huì

一个懂得“制作扫帚”（ ，彗）者的“心”智（ ）。

相传远古时代有个人名叫杜康，他除了懂得酿酒以外，也发明了畚箕与扫帚，是个有智慧才干的人。善于利用普通材料制作出有价值的用具，必定是有智慧的人，所以“慧”引申为有聪明才干，相关用词如智慧、慧眼等。《说文》：“古者少康初作

金

篆

箕、帚、秫酒。少康，杜康也。”

雪

xuě

“手持扫帚”（彗）除去“从天降落的东西”（雨，雨）。

在气候寒冷的地区，每到冬雪来临，家家户户都忙着扫雪。大雪常造成交通阻塞，但对于古代诗人而言，扫雪却别有一番韵味，如宋朝诗人陆游《晚春记事》：“日永东斋淡无事，闭门扫雪只焚香”，“雪”引申为白色的、除去，相关用词如雪白、雪耻等。

甲 金 篆

豐丰

fēng

击“鼓”（壴，壴）饮酒庆祝“丰”收（丰，丰）。

“丰”代表击鼓饮酒庆祝丰收，引申为多、满等，相关用词如丰富、丰收、丰功伟业等。因此，《周颂》说：“丰年多黍多稌……，为酒为醴。”然而，“丰”的构字演变是相当曲折的。《战国策》记载，大禹有一个擅长造酒的大臣仪狄，有一天献酒给大禹，大禹饮后觉得甘甜无比，但他随后警觉嗜饮美酒必导致亡国，于是与仪狄疏远。后来大禹的后代夏桀果然因酒亡国。刘向《新序》记载：“桀作瑶台，罢民力，殚民财，为酒池糟堤，纵靡靡之乐，一鼓而牛饮者三千

甲 金 篆

人。”一击鼓，便有三千人一齐举杯畅饮，可想见当时文武百官纵酒娱乐的场面是多么盛大。“丰”的甲骨文是由“壴”（ ）及“亡”（ 、 ）所组成，显然这是描写丰盛之国夏朝，一击鼓而三千人醉酒，最终导致亡国。“丰”原是古代用来盛装“罚酒”的酒器，宋·叶庭珪《海录碎事》诠释说：“古丰国之君以酒亡国，故以为罚爵。”可是，周朝人渐渐认为酒是上天所赐，是丰收的象征，于是将“亡”去除，取而代之的是“丰”，所以“丰”的金文及篆体演变成 与 。“豐”的简体字为“丰”，击鼓庆祝的符号不见了。

封

fēng

在领“土”（ ）内以“手”（ ）来栽种“植物”（ ，丰）。

周武王得天下之后，实施“封建制度”，把国土赐给同姓宗亲，并让受封者在受封的领土边境广植树林，作为邦国的国界。《尚书》周康王的文诰说：“皇天用训厥道，付界四方，乃命建侯树屏。”大意是说，皇天上帝将四方的人民交付给我先王，先王于是命令诸侯建立国家，并在国之四围种树当作屏障。《周礼》也说：“制其畿，方千里而封树之。”可见，周朝的京城，外推一千方里之地，都广植树林当作屏藩。“封”的金文 是指亲“手”（ 、 ）在领

金

篆

"土"（ ）上栽种"茂密植物"（ ）。"封"引申为赐土地或爵位、领地、限制等，相关用词如册封、封疆、封闭等。郭沫若说："古之畿封实以树为之也。此习于今犹存。然其事之起，乃远在太古。太古之民多利用自然林木以为族与族间之畛域，西方学者所称为境界林者是也。"

邦

bāng

"境内人民"（ ，邑）在领土上栽种"植物"（ ，丰）。

"封"与"邦"的构字里，都隐含着植林为界的信息。"邦"的金文 表示"城内人民"（ ，邑）在"土"地（ ）上栽种"植物"（ ），此构形与"封"的金文 相近。

金 篆

夆

fēng

在长满"茂盛植物"（ ，丰）的丛林里"缓慢前行"（ ，夂）。

以"夆"为声符所衍生的字有逄、峰、锋、蜂、烽等。由"逢"又衍生出缝、篷、蓬等。

甲 金 篆

毒

dú

害人的"茂盛植物"（ ，丰），"毋"（ ）碰！

《汉书·西南夷》记载，中国西南夷（云贵蜀）常常侵犯汉朝，甚至汉朝派使臣寻求和

篆

解，也受到轻蔑。他们为何不怕汉朝大军呢？《汉书》形容他们藏身在“温暑毒草之地”，常常使得敌军如入火坑深潭，最后都被消灭。

青

qīng

颜色像“茂盛植物”（，丰）的“颜料”（，丹）。

金文 及篆体 都是由“丰”与“丹”所构成的会意字，后来隶书将“丹”讹变成“月”。

金

篆

素

sù

将植物（，丰）纤维编织成丝线（，系），生丝。

“素”是还未染色的丝线，引申为原来的颜色，天然未加工的。相关用词如素色、朴素、元素等。金文 、 是两只手将植物纤维编织成丝绳，篆体 省略了两只手。

金

篆

孛

bó

或bèi。孩“子”（）像“茂盛的植物”（，丰）般快速生长。

“孛”引申为迅速成长。古人体会出，人的一生就数孩童期的生长速度特别快，于是借着这个概念创造了“孛”及相关的衍生字。

金

勃

bó

“孩子像茂盛的植物般快速成长”（，孛）并且变得强壮有“力”（）。

“勃”引申为旺盛的样子。相关用词如勃发、蓬勃。

悖

bó

或bèi。**“迅速成长”（，孛）的野“心”（，忄）。**

相关用词如悖逆。

“生”的衍生字

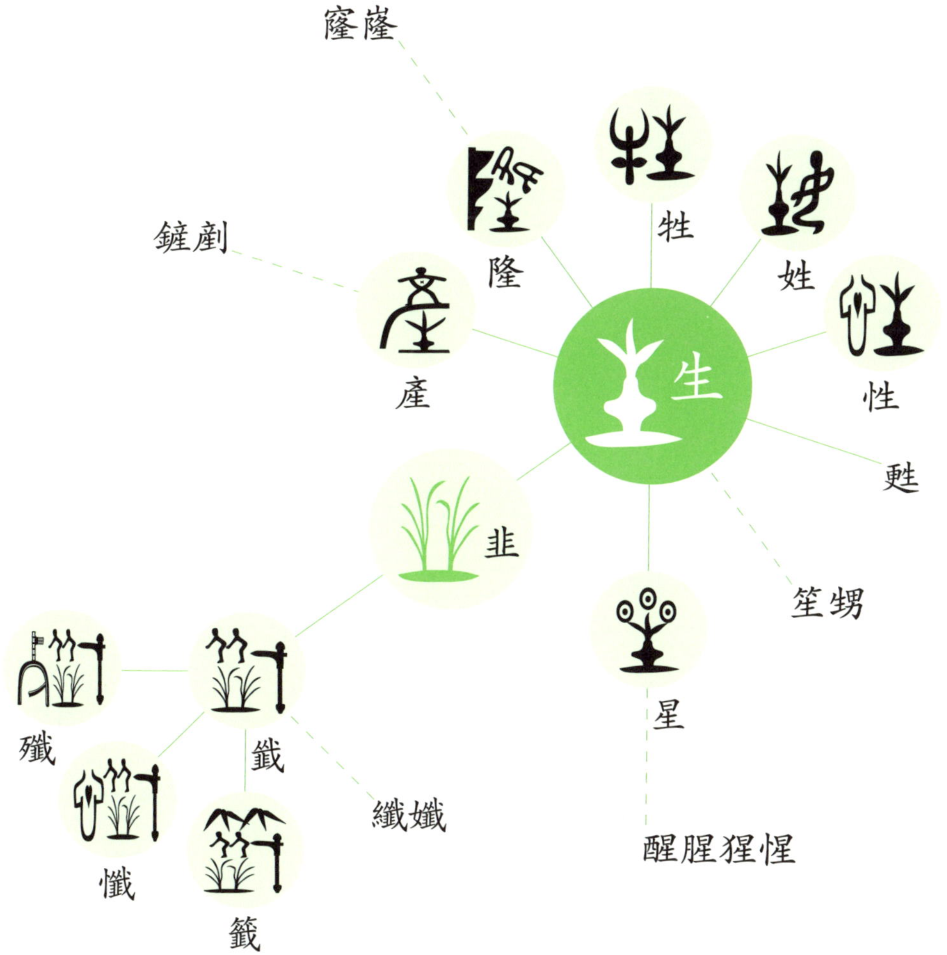

窿嶐

隆

牲

姓

鏟剷

産

性

生

甦

韭

笙甥

星

殲

韱

懺

籤

纖孅

醒腥猩惺

生

shēng

从“土”（ ）里长出“小草”（ ）。

春天一到，枯死的小草又开始发芽生长，如此一代代生生不息的繁殖能力令人惊叹，“生”就是借着从“土”里所冒出的“小草”来表征。

姓

xìng

甲

篆

从“女”（ ）而“生”（ ）。

甲骨文 是由“女”与“生”所构成的会意字，表示从女而生。远古时代，在婚姻制度尚未建立之前，有些孩子不知道父亲是谁，但一定认识怀胎十月、把他乳养长大的母亲。为了标明其母系族群，于是产生了最早的姓。上古八大姓都是从“女”旁，炎帝（神农氏）姓姜，黄帝姓姬，舜姓姚。

隆

lóng

篆

天子“降”（ ）“生”（ ）。

篆体 是由“降”（ ）“生”（ ）所组成的会意字，意表天子降生，《荀子》说：“天子生则天下一隆。”天帝之子降生，是天大的喜事，所以“隆”引申为崇高、盛大，相关用词如隆恩、兴隆等。

牲

shēng

待宰的"生"（ ）"牛"（ ）。"生"也是声符。

《周礼》说："膳用六牲"，可见"牲"是准备宰来用餐的家畜。那么，"畜"与"牲"有什么差别呢？《庖人注》："六畜，六牲也。始养之曰畜，将用之曰牲。"也就是说："豢养的叫作畜，待宰的叫作牲。""牺牲"就是用来祭祀的牛或羊。

（金）（篆）

性

xìng

从出"生"（ ）就具有的"本质"（ ，忄），意指天生本质。

《中庸》："天命之谓性。"

產 产

chǎn

以峭壁（ ，厂）上的纹彩（ ，文）来制造（ ，生）出各种有用的东西。

古人对峭壁岩石上的艳丽色彩很好奇，他们发现峭壁的各种矿石有着不同的颜色，若是取出这些矿石加以研制，就能取出其中的颜料，作为染料或其他用途。像是丹砂之类的矿石就能提炼出红色染料，染在布料上，便能做出红色的衣服。

星

xīng

由数颗散布的星星（，晶）组合成（，生）一个完整星座。

“曐”是“星”的本字。甲骨文、是由散布的星星及“生”所组成，代表数颗散落的星星会定期聚集而生成一个完整星座。周人就已经有星座的概念，他们不但有系统地归纳出二十八星宿，并借此订出各种节气。以“星”为声符所衍生的字有醒、腥、猩、惺等。

甲 金 篆

晶

jīng

三颗明亮的星星。

古人以“三”代表多，所以“晶”泛指天上众多明亮的星星。“晶”衍生出一些与星星有关的汉字。

甲 金

醒腥猩惺 星 昴 晶 参 渗 惨掺

参参

cān

或cēn或shēn。三颗星（，晶）所发出的“光彩”（）与某“人”（）的命运产生关联。

冬天的夜晚，天空中有三颗极为明亮的星星排成直线，这是猎户座中最耀眼的三颗星，代表猎人的腰带。古人将这三颗星称之为“参宿”，又称为福、禄、寿三星。金文代表三颗星所发出的光彩（），金文、、及篆体、是由人（）及三颗连在一起的星星所组成，代表某人（或君王）的命运与这三颗星有关。古代星相家相信星宿的变化会对人的命运产生影响，如《后汉书》：“三星合轸为白衣之会（三星会合表示君王家将出现丧事）。”“参”除了代表“三”之外，也具有“并列、加入”等意义，这是象征许多星星共同组成一个星宿，相关用词如参加、参与、参观、参见等。

甲

金

渗渗

shèn

有“水”（）“加进来”（，参）。

昴

mǎo

“聚在一起”（，卯）的白虎“星座”（）。

《说文》：“昴，白虎宿星。”

甲

篆

韭

jiǔ

从土里长出一丛细长茎叶，韭菜的象形文。

篆

戋

jiān

用武器（，戈）杀死许多人（，从）。

“戋”是“歼”的本字，代表将敌人杀光。甲骨文及篆体代表“一戈”杀“二人”。如何表示杀死许许多多的敌人呢？古人常割取韭菜食用，一根根细嫩的韭菜丛生在一起，一刀下去，就能割取一把。俗话说“杀人如麻”，还不如说“杀人如韭”。所以，后人将“戋”添加“韭”来代表杀了很多人，再添加“歹”以代表死亡，就演变成现代的“歼”了。

甲

篆

韱

xiān

将“韭”菜（）全数割取（，戋）。

“韱”本义为割取许多韭菜，引申为纤细、众多。

篆

殲歼

jiān

像收割韭菜般（，鐵），将敌人全数杀“死”（，歹）。

战国时期，秦国大将军白起战功彪炳，无人能及，但是一将功成，背后是他一生歼灭六国超过一百六十万名士兵，可说是杀人如割韭菜！“歼”的相关用词如歼灭、歼敌等。

懺忏

chàn

为杀人无数（，鐵）而“心”生懊悔（，忄）。

白起虽然为秦国立下辉煌战功，后来却因违抗秦昭王的命令而被赐死。临死前，他非常懊悔，但他不是因为违抗命令懊悔，而是为生前杀人无数懊悔。临终前，白起想起与赵国的长平之战，他俘虏了四十万赵军，却担心难以管理，于是设计坑杀所有降军。一幕幕残忍杀人的场面不断涌上心头，白起对自己的罪恶深重懊悔不已。

籤

qiān

许多根纤细“竹”棍（），长得像一大把收割的韭菜（，鐵）。

“籤”是细长的竹棍，相关用词如竹签、牙签等。

籤（篆）

“朩”的衍生字

古人制作麻衣之前，需要经过收割麻茎、剥皮、打散、晒干、搓揉、抽麻线、染色及织布等程序，《礼记》说：“治其麻丝，以为布帛。”由朩（ ）的衍生字，便得以窥知古代的治麻文化。

朩

pìn

分（ ，八）离麻类植物的茎（ ），这是描写剥麻的景况。

麻

má

在“屋檐下”（ ，广）将“麻类植物的茎一根根分离出来”（ ，朩），剥制麻纤维。

古人使用大麻、黄麻、亚麻或苎麻等麻类植物的纤维来进行纺织或编绳，因此，常可见到家家户户于农闲

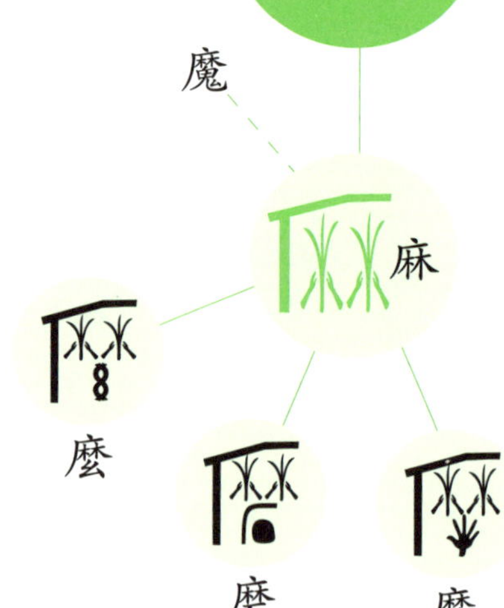

期间在家门前剥制麻纤维的情景。由于每一根麻所能抽取之纤维极多，所以引申出密密麻麻、杀人如麻等义。

另外，“摩、磨与麽”也是在描写古代治麻的情景。“磨”（）是以表面粗糙的“石”（）头磨去苎“麻”的硬皮，剥麻皮是治麻的第一个步骤；“摩”（）意表以“手”（）搓揉使“麻”纤维分离；“麽”（）则代表以“麻”纤维制作成“丝绳”（，幺），相关用词如这么、那么、多么等。

麻（篆）

散

sàn

或sǎn。“手持工具”（，攴）将祭“肉”（）一条条分割，再以“麻丝”（，朩）系着分割后的祭肉，进行分配。

周朝以牛羊献祭，祭典结束后，太官会将祭肉分给参与祭典的大夫。分祭肉的习俗甚至留传至清朝，清朝的王府于每日天未亮时，宰杀一头猪祭祀，祭祀完后的猪肉便分赠给亲朋好友享用，称之为“散福”。春秋时期还有一段令人遗憾的分祭肉故事，春秋时期，鲁王送玉玦给孔子以表明疏远之心，更在郊祭结束后，没有依礼把祭肉分给孔子。孔子在失望之余，只好率领众弟子辞官离开鲁国。金文代表手持工具（）以分离麻丝（）。篆体添加了一块肉，代表分祭肉。“散”引申义为分布出去、不集中、凌乱，相关用词如分散、散布、散会、散乱、散步等。

（金）

（篆）

“竹”的衍生字

筮

shì

“巫”（ ）人占卜所用的“竹”（ ）器。

金文 表示“巫”（ ）人“两手”（ ）拿着“竹”（ ）器进行占卜，相关用词如卜筮、筮人等。

金

篆

筆笔

bǐ

手持“竹”（ ）杆制成的“笔”（ ，聿）。

秦朝大将军蒙恬以一小撮羊毛插在竹管上写字，意外发明了毛笔。为了有别于传统的硬笔“聿”，蒙恬称它为“弗聿筆”。自此之后，“笔”成为文人喜爱的写字工具，后人逐渐以“筆”来代替“聿”。另一个篆体 （笔）则表示羊“毛”（ ）插在“竹”（ ）杆上的东西，这个构形更写实地诠释秦朝蒙恬所造的毛笔，以“竹”制杆，以羊或狼“毛”做笔头。“筆”的简体字为“笔”。

篆

竹
竽
籥
箏
筑
噬
筮
筍
笑
筋
策
算
篡
纂
籍
答
等
筆
筷竿笆笠笨簫簧笛
符笙筏筒籃筐籮簍
箱籠節箔簿箸管簡
箋篇簽籤箭箕範箴
箝筧篩篙篷籌簾籬
簷簪第筵篆

等

děng

“前往”（，之）“办理”（，寸）“竹”简（）的事。

北京清华大学典藏一套战国竹简，里面记载中国最早的史书——《尚书》。“等”就是以竹简制作书册作为造字背景。一部古书常常要用到数百支等长的竹简，制作竹简需要经过选材、去青、防变形、防腐、打磨、切齐、连片、撰写等繁复程序。因此，“等”引申出好几项含义，一个是“等待”，因为制作一册竹简书往往需要耗费不少时日；一个是“相等”，因为每一片竹简的长度都相同；第三个是“等级”，因为竹简所使用材料质量好坏有不同的级别。《说文》：“等，齐简也。”

算

suàn

使用细“竹”棍（）来计数“双手所捧的钱”（，具）。

“竹算筹”是古代计算的工具，是算盘的前身。“竹算筹”为等长的细竹棍，透过纵横交替摆放的方式，就可以摆出任意的数字，如横放代表五，直放代表一。各个数字的加减法同样是采逢十进制，原理与算盘一样。用竹算筹进行计算的方法，称为“筹算”。考古学家在湖南长沙出土战国时代竹算筹四十根，每根长十二公分。《汉书·律历志》：“算法用竹，径一分，长六寸，二百七十一枚而成六觚，为一握。”“算”引申为计数、推测、承认等，相关用词如算

篆

数、算盘、计算等。《说文》：“算，数也。从竹从具。”

篡

cuàn

“口发气息”（，厶）“算”计（）他人。

“篡”引申为不当夺取。相关用词如谋篡、篡位、篡改等。

篆

纂

zuǎn

计“算”（，算）竹简数量后，再以“丝绳”（，糸）串联成一书册。

“纂”引申为汇集、编订，相关用词如纂辑、编纂等。

篆

筍 笋

sǔn

在“竹”（）林下，“弯身”（，勹）拔取“笋子”（）。

篆

笑

xiào

笑得东倒西歪的人（，夭），宛如风吹“竹”子（）所呈现弯曲摇摆状。

有趣的是，竹子被吹弯时，还会发出“喀喀喀”的声音，很像人的笑声。李阳冰如此解释：“竹得风，其体夭屈如人之笑。”

筋

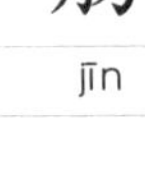

jīn

传达“力”量（ ）的“器官”（ ），它的纹理像“竹”纤维（ ）一般。

相关用词如筋骨、脚筋。

篆

答

dá

两人以“合”（ ）“竹”（ ）进行一问一答。

“合竹”就是将两片破开的竹子再合起来，典籍记载古人以合竹作刀柄，合竹为朴，合竹作杖，可见合竹的应用极广。另外，“情如合竹”则是形容两人亲密的关系。“札”是古代书写用的竹片，也就是破开后的“半竹”，而“答”则在描写教师以左半竹书写上联（或问题），学生用右半竹书写下联（或答案），合起来成为一对句。相关用词如应答、回答等。

篆

箏筝

zhēng

“争”（ ）夺而得的“竹”（ ）制乐器。

“筝”是一种以竹片拨弦的乐器。相传秦朝风俗恶薄，有父子俩人争夺一个二十五弦的瑟，在互不相让之下，只好切成两半，各具十二弦

篆

与十三弦，称之为筝。原文出自于《集韵》：“秦俗薄恶，有父子争瑟者，各入其半，当时名为筝。”然而，这个传说的真实性令人怀疑，因此，《释名》认为筝是因为弦音急促高亢而得名（筝，施弦高急，筝筝然也）。

龠钥

yuè

由许多“竹”（）管所组成的“编管乐器”（，龠）。

甲骨文是把两根空心管子捆扎在一起，管子上头露出管“口”（）以便吹奏；金文则在管口处加了一张“闭合的嘴巴”（），表示含着乐器吹奏。篆体再加了“竹”，更清楚表明是一件竹制乐器。

甲 金 篆

筑

zhù

“竹”（）制“打击”（，巩）乐器。

战国时期，荆轲的好友高渐离就是一位顶尖的击筑高手，即使眼睛被秦始皇刺瞎，仍能弹奏出美妙音乐。“巩”的金文是描绘一个人双手握紧（，丮）夯杵（），引申为敲击。《史记·荆轲传》：“高渐离击筑，荆轲和而歌于市中。”

篆

“耑”的衍生字

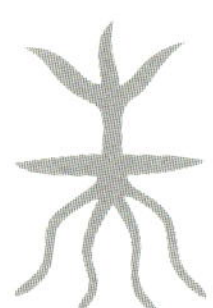

耑

duān

植物的根（ ）与末梢（ ，中）。

“耑”是“端”的本字。甲骨文 由植物的根及“之”所组成，代表植物的生长是由根部往上走，引申为事物的开端；金文 呈现植物的根及末梢茎叶，代表植物的头尾两端。

甲

金

篆

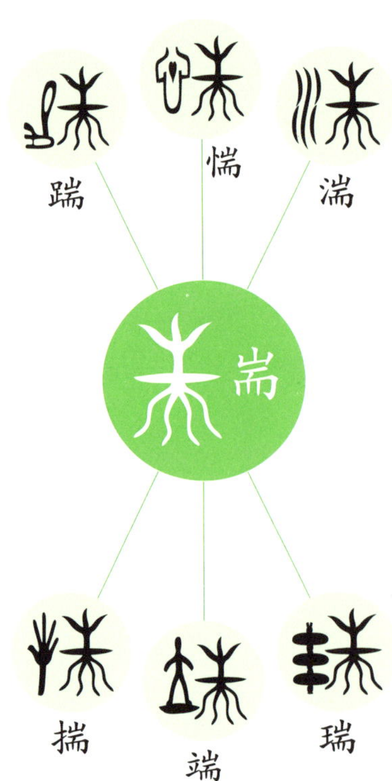

端

duān

头尾"两端"（，耑）都竖"立"（）起来。

"端"的本字为"耑"，本义为端点，如开端、末端。添加"立"之后，就引申为正直，相关用词如端正、端庄等。《说文》："端，直也。"

篆

揣

chuǎi

手（）摸着"两端"（，耑），估量长度。

相关用词如揣度、揣摩、揣想等。

篆

瑞

ruì

将"玉"（）切成两半，两人各执一"端"（，耑）以作为信物。

古人将一整块玉切分成两半，使两人各执其中一半当作信物。这种让人各执一端的玉，称之为"瑞玉"。所谓的"班瑞玉"或"班瑞"就是将玉切成两半，两人各执一端以作为信物。《尚书》记载，舜继位之后，就颁发作为信物的瑞玉给各诸侯国的国君，后来，这种"班瑞玉"的仪式，就成了周朝任命各级官员的仪式。天子将瑞玉颁给诸侯及大臣，之后，诸侯及大臣若要回朝晋见，必须手持此瑞玉作为信物，守门人见

篆

此信物便准予入朝。依据《礼记》记载，若某位大臣有过失，他的瑞玉是会被收回去的，待改正过失或将功赎罪，才能领回。拥有瑞玉就代表平安吉祥，瑞玉可说是古代官员的吉祥物。因此，“瑞”就引申为幸运，相关用词如祥瑞、瑞雪、瑞霞等。

班

bān

用刀（ ）切成两块玉（ ，玨）。

被任命的官员依照等级顺序前来领取瑞玉，因此，“班”引申为分赐、等级、次序、按职务编成的组织，相关用词如班赐（颁赐）、班次、排班、班级、一班人马等。另外，由于此两半玉合并后就可以还原成一块完整的玉，所以引申为回归，如班师回朝。《说文》：“班，分瑞玉。”《尚书》：“班瑞于群后。”

金 篆

惴

zhuì

人“心”（ ，忄）在善恶“两端”（ ，耑）之间争战。

人心总在善恶两端之间争战，因此要存戒慎恐惧之心，处处谨慎，这就是董仲舒于《春秋繁露》中所说：“谨善恶之端。”《诗经》也说：“温温恭人，如集于木。惴惴小心，如临于谷。战战兢兢，如履薄冰。”相关用词如惴惴不安。

篆

湍

tuān

上下“两端”（，耑）之间的流“水”（）。

古人深知水流速度取决于两端之间的落差，落差愈大，流速也愈大，因此，有高低落差的深渊瀑布，水流总是特别急促。“湍”引申为急流，相关用词如湍急、湍流、湍濑等。《淮南子》：“湍濑旋渊。”

篆

踹

chuài

从上“端”（，耑）往下用力践踏（，足）。

相关用词如踹脚、踹踏、踹开等。《淮南子》：“追者至，踹足而怒。”

第二章 木

在汉字中，“木”的构件主要有三种含义，首先是代表树木，其次是木制用品，再次是代表木材或柴薪。

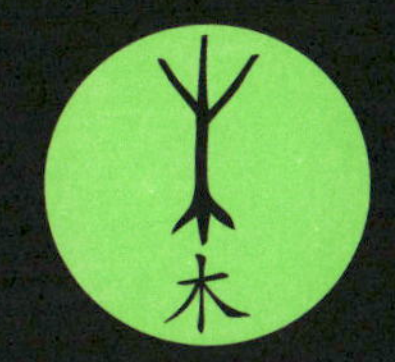
木

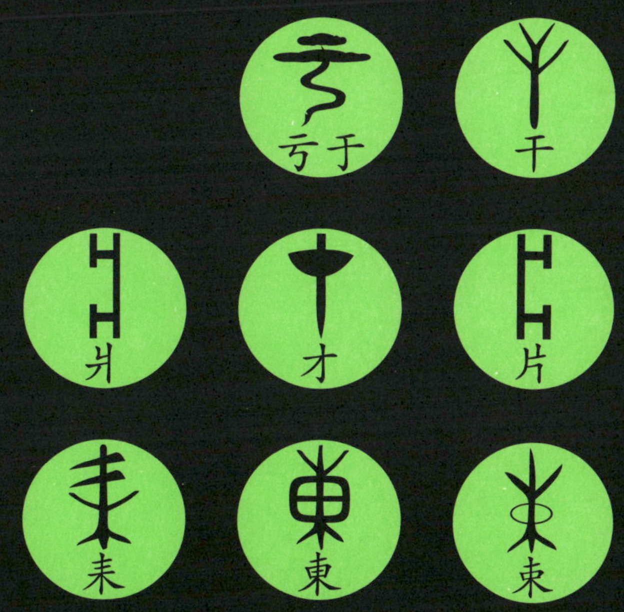
亏于
干
爿
才
片
来
東
束

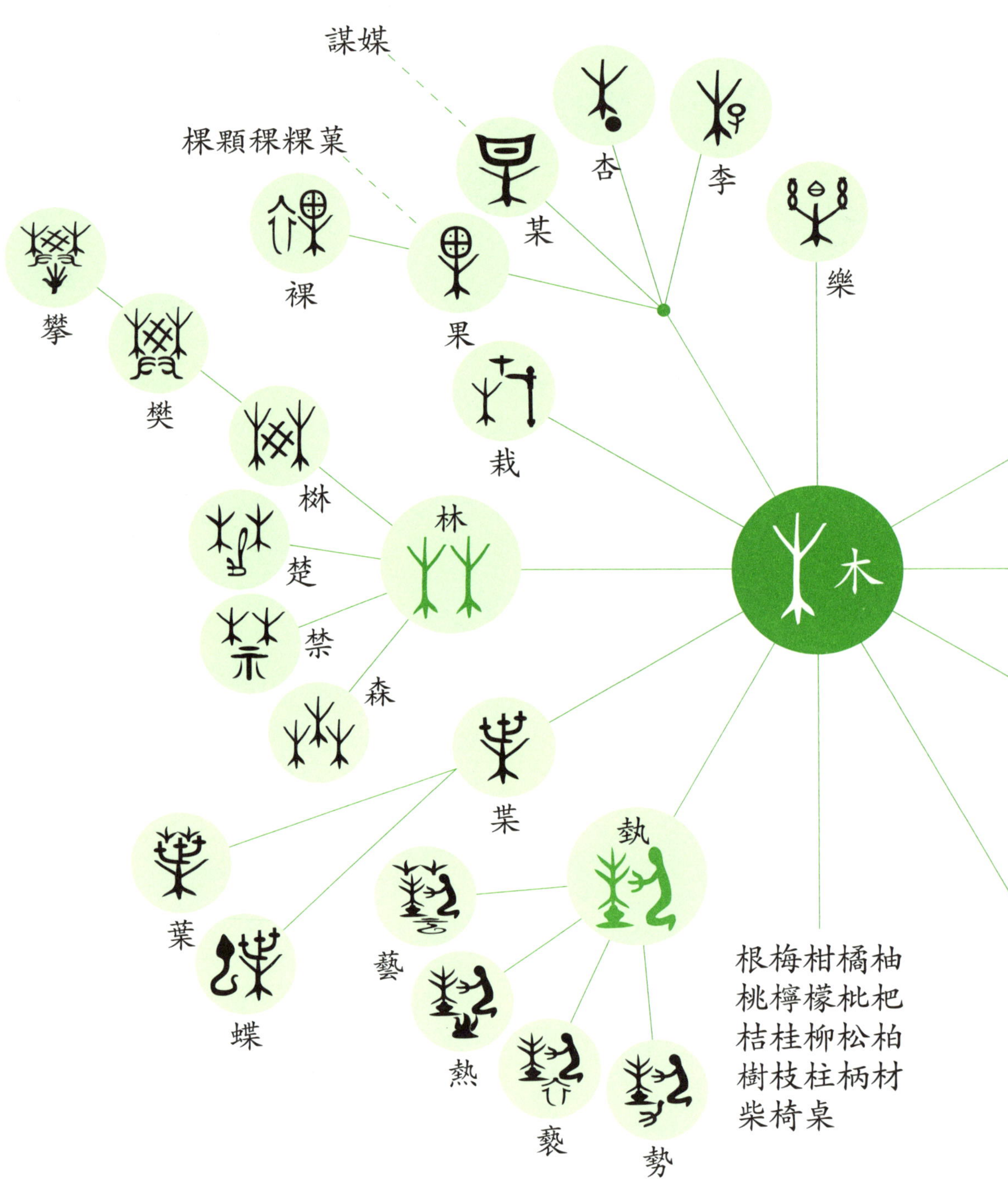
謀媒
棵顆稞粿菓
杏
李
樂
某
祼
果
攀
樊
栽
楙
林
木
楚
禁
森
枼
埶
葉
藝
蝶
熱
褻
勢
根梅柑橘柚
桃檸檬枇杷
桔桂柳松柏
樹枝柱柄材
柴椅桌

“木”——树木

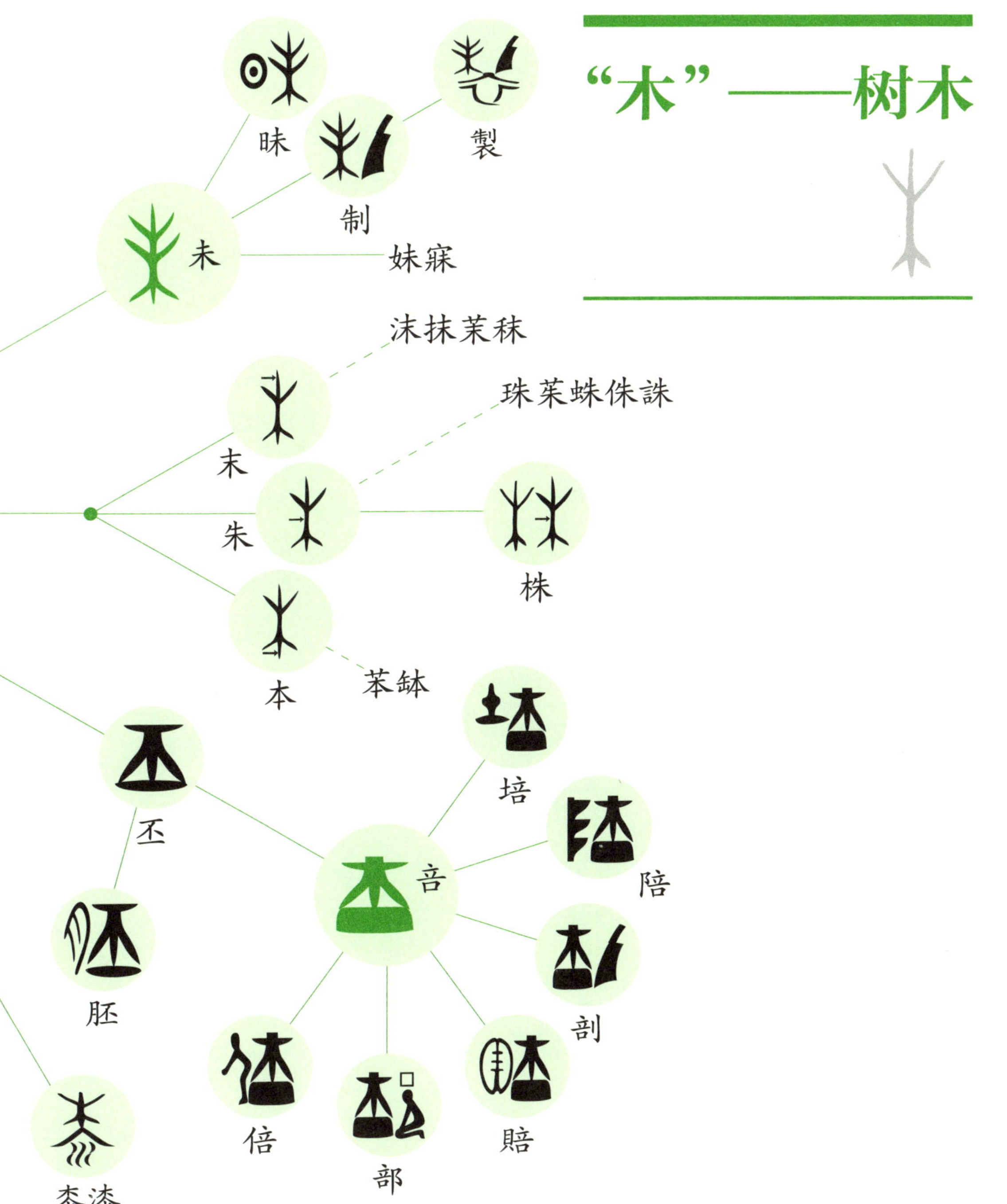

树木的各个部位

示意图	楷体	甲骨文	金文	篆体	构字意义
	本				树根
	末				树梢
	朱				树干
	未				枝叶茂密等待结果的树木
	果				树上结满了果实
	杏				树上结出圆形果实
	李				树上结出幼小的果实
	某				树上结出甘甜的果实
	枼 葉				树上的三十株艸

本

běn

树根。以指事法在木（ ）底下添加一横来标示一棵树的根部。

末

mò

树梢。以指事法在木（ ）之上添加一横画来标示一棵树的末梢。

朱

zhū

树干。以指事法在木（ ）之中段添加一横画来标示一棵树的树干。

“朱”的本义为树干，后来改作“株”，相关用词如植株、守株待兔等。或许是古人看见周遭许多树干的树皮或木质部呈现红色，所以，“朱”又引申为红色。

未

wèi

“枝叶茂盛”却还没有结出果实的树“木”（ ）。

“果”的甲骨文为 ，而“未”的金文为 ，可见，“未”代表等待结果的树。

昧

mèi

太阳（ ）尚“未”（ ）出来。

“昧”引申为昏暗，相关用词如昏昧、愚昧等。

金 篆

制

zhì

“裁剪”（ ，刀）尚“未”（ ）完成的衣服。

“制”是“製”的古字，本义为制衣，如《诗经·豳风》：“制彼裳衣。”“制”引申为设立规章、规范，相关用词如制度、制服、控制等。

金 篆

製制

zhì

正在裁剪“制”做（ ）的“衣”服（ ）。

相关用词如制作、制造等。妹与寐是以未为义符的会意字，“妹”可意会为尚“未”成熟或出嫁的“女”子；“寐”可意会为躺在“室”内的“牀（床）”上尚“未”醒来。

篆

果

guǒ

树“木”（ ）“结满了果实”（ ）。

“果”的甲骨文 是在 （未）之上添加许多果实，金文 则改成 、 的合体，其中， 是“周”的甲骨文，代表田中插满了秧苗，在此代表结满果实。

甲 金 篆

裸

luǒ

“果”实（ ）的外“衣”（ ），果皮。

“裸”引申为光溜溜，如赤裸、裸体等。

杏

xìng

结出圆形果实（●）的树（ ）。

“杏”的本义为杏树或杏果。西安等地所产的杏果大如桃子。

金 篆

李

lǐ

结出小果“子”（ ）的树（ ）。

金文 为一象形文，上构件为木（ ），下构件为带有枝叶的果实。篆体 将果实改为“子”（ ），代表小果子。“李”的本义为李树或李子。

金 篆

某

mǒu

果实“甘”甜（ ）却不知名称的树“木”（ ）。

如何描写某一种果实甘甜的树呢？在没有统一命名的情形下，说话的人只好用各样的比喻来说明所见过的某种植物，使听话的人能明白。“某”是用来形容一种果实甘甜、却不知名称的树木，后来，

金 篆

“某”被广泛代表不知道名称的人或物，如某人、某甲、陈某等。以“某”为声符所衍生的常用字有谋、媒、煤等。

桼

qī

或漆。将树“木”（ ）所流的汁液融“入”（ ）“水”（ ）里调配成染料。

世

shì

走过了（ ，止）“三十”（ ，卅）年。古人认为世代交替以三十年为一期，称之为一世或一代，父子相承为一世。金文 及篆体 是“止”（ ）与“卅”（ ）的合体，代表走过了三十年。以下为与“世”有关的构字对照表。

金

篆

楷体	甲骨文	金文	篆体	构字意义
十				十
廿				二十
卅				三十
世				走过了三十年
枼				树上长的三十片东西
葉				树上长的三十株艸

枼

yè

树上（，木）长的“三十”（，世）片东西。

“枼”是“葉（叶）”的本字。甲骨文及金文是由“卅”（、）及“木”所组成，代表“三十”片树叶。后来，“卅”被改写成“世”。无论是三十或者是一世代，对于古人而言都算是个完整的大数字，因为一世代就可以生出不少后代子孙，所以用这个符号来形容众多的树叶。

甲 金 篆

葉叶

yè

树上（，木）的“三十”（，世）株艸（）。

篆

蝶

dié

长得像树“叶”（）的“虫”（）。

翩翩飞舞的蝴蝶，它的翅膀看起来像缤纷的落叶，因此，古人便以“树叶”来形容蝴蝶。

篆

培养根基

丕

丕

pī

树根（木）的底基（一）。

在先秦典籍里，丕基是指根基，丕丕基是指巨大的基业，通常是指国家和帝位。如《尚书》：“天明畏，弼我丕丕基！”“率惟谋从容德，以并受此丕丕基。”《逸周书》：“丕维周之基。”唐张绍诗：“赫赫烈祖，再造丕基。”“丕”的本义是指根基，引申为伟大、遵奉，相关用词如丕变、丕业、丕训等。在构字里，丕在大树的根部底下加一横，表示根基。“丕”的金文是“木”底下加一横，表示树的根基，但为了凸显根部，所以将根部放大，而将树干上的枝条缩小或省略，篆体只是描写了地面下的树根与基底，完全省略了地面上的部分。

金

篆

许慎认为丕是“不、一”的合体字，因此，后代学者多将“丕”视为“不”，其实，这两字的字义相去甚远。在古籍中，“丕”常写成“咅”而非“不”，因为“咅”是“丕”所衍生。为了探求原意，我们虽然找不到丕或咅的金文独体字，但我们可以从含有丕或咅的金文合体字着手，如“箁”的金文是由“竹（）、丕（）、口（）”所组成，而“咅”又由“丕、口”所合成，所以这个字可视为“竹、咅”的合体字，写成“箁”，代表培养竹子生长。由此字可发现，“丕”的金文是“木”底下加一横，代表树木的根基。此外，汉字“本”的金文是描写树木的根，战国楚简写成，代表将树木的根（）放进臼（）中，意味着紧紧咬住树根使其稳固。以上这些古字都是古人描写根基的概念。

胚

pēi

身体器官（，肉）的根基（，丕）。

胎儿最初是一个受精卵，受精卵会慢慢分裂成初具生物形态的胚胎。初步成形的胚胎在母腹里被古人视为根基，不断给予营养后就会逐渐长大成为婴儿。“胚”引申为初期发育的生物体，相关用词如胚胎、胚芽、胚盘等。《说文》：“胚，妇孕一月也。”

咅

pǒu

用大土团巩固（，口）大树的根基（，丕），意即额外添加土壤以扩张根基。

“咅”是“培”与“倍”的本字，引申为扩张或额外加增。周朝人善于耕种，他们明了植物若要长得强壮，栽种时就必须使它的根部有足够的土团，软硬适中的土团可以使其生长稳固，又能供应生长所需的养分。《吕氏春秋》记载：“稼欲生于尘，而殖于坚者。慎其种……于其施土，无使不足……必务其培。”《礼记》也说：“故栽者培之。”所谓的“培土”就是在植物根部额外施土，使它的根部稳固并能充分得到滋养。“咅”具有滋养根部及加增土壤的意义，是“培”

篆

与“倍”的本字。“咅”与“丕”相通，前者是巩固根基，后者是巨大的根基，意义相近。连带的，“培”与“坯”也相通，如《礼记》：“坟墓不培。”《大戴礼记》：“坟墓不坯。”

培

péi

在植物根部加增“土”壤（）以扩张根基（，咅）。

在古籍中，“培”与土壤堆积有关，除了《吕氏春秋》的培土概念之外，《逸周书》也记载，冬天来临前，昆虫会用土堆积在洞口四周，以便封住洞口准备冬眠，称之为“蛰虫培户”（秋分之日，雷始收声，又五日，蛰虫培户）。此外，所谓的“培墓”是指清明扫墓时，增加土壤来修补坟墓，如《礼记》：“丧不过三年，苴衰不补，坟墓不培。”“培”的本义是在植物根部增加土壤，引申为额外给予滋养、保固，相关用词如培养、栽培、培育等。

篆

倍

bèi

扩张（，咅）“人”数（）。

在古籍中，天子增加诸侯的封地，称之为“倍敦”，有时写成“培敦”或“陪敦”，可见，“倍、培、陪”三字当中的共同符号“咅”具有加添或加倍的意义。如《逸周书》：“分之土田倍敦。”《说文》：“培敦。土田山川也。”

篆

为巩固城墙基座所扩增（，音）的“墙”（，阜）。

陪

péi

“陪”又称为“陪墙”，是在墙的内侧再砌一道矮墙以巩固墙的基座，因此，湖北人称内墙为陪墙。“陪”本是指在城墙内侧再添加一道墙，引申为重迭、伴随，如古籍中，“陪鼎”是指加鼎，也就是加菜；“陪臣”是指大臣家里的臣子，也就是诸侯家里的臣子。其他相关用词如陪伴、奉陪、陪衬等。《左传》：“宴有好货，飧有陪鼎。”《史记》：“周室微，陪臣执政。”

剖

pōu

额外加增（）几“刀”（）。

在已死的尸体上，额外添加几刀，是为了将尸体分解，引申为分解，相关用词如解剖、剖析、剖白等。

賠赔

péi

用加“倍”（，音）的“钱财”（，贝）偿还受害者。

日剧《半泽直树》的“加倍奉还”大快人心，而在法律上加重损害赔偿，其来有自。古代犯盗窃罪者，除了受处罚以外，还要加倍偿还受害者的损失，如《太平御览》：“盗者流，其赃两倍征之。”“盗物倍还其赃。”依据汉朝时期的扶余国法律，盗窃罪甚至要赔偿十二倍。《尚书》：“其罚惟倍。”“赔”的本义是加倍付出钱财给受害者，引申为请求原谅、耗损，相关用词如赔罪、赔偿、赔本、赔钱等。

部

bù

人民“倍”增了（，音），就要往外开拓新城“邑”（）。

组织变大了，就要分成许多部门来管理；人民倍增了，就要往外开拓新城镇。“部”引申为部署，相关用词如分部、部门、部属等。《广韵》：“部，署也，六卿之署曰六部。”

篆

种树

埶

yì

或shì。一个人伸手（）将尚“未”长大成熟的树（）种在“土”（）里。

甲骨文、、金文、都是表示一个人在种树，“埶”是“藝（艺）”、“勢（势）”的本字。《说文》：“埶，种也。”

甲

金

篆

“种树”（，埶）时所穿的“衣”服（）。

“亵”引申为私人的、随便的，相关用词如亵衣、亵渎。《说文》：“亵，私服。”

褻 亵

xiè

金 篆

“种树”（，埶）时，使出“力”气（）的样子。

“势”引申为姿态、样式，相关用词如姿势、态势、权势等。周朝经典用“埶”。

勢 势

shì

“种树”（，埶）以抵挡“火”（）热的太阳。

熱 热

rè

“教导”（，云）他人“种植树木”（，埶）及花“草”（）。

藝 艺

yì

树林

林

lín

许多树木生长的地方。

甲 金 篆

禁

jìn

林（林）中有“神”（示），禁止进入。

古代君王若是见到山上的林木茂盛，便以为林中有神，于是将那个地方划为圣地并设下祭坛，严禁人民进入，就连经过的人也要下车快速离去。这就是刘向《新序》所说：“荀山之见其荣者，君谨封而祭之。距封十里而为一坛，是则使乘者下行，行者趋，若犯令者罪死不赦。”古代经典多处记载，商汤在位第七年出现大旱灾，他便前往桑林向上天认罪祈祷，终于感动天，带来了一场恩雨。商汤为何前往桑林祈祷呢？因为他相信桑林中有神，桑林后来也成为商朝祖先的圣地。“禁”引申为阻止、限制，相关用词如禁止、禁忌、禁区等。

篆

森

sēn

有许多树木的地方。

古人以三代表多，三木代表极多的树木。《说文》：“森，木多貌，从林从木。”

金 篆

楚

chǔ

脚（，疋）踏荆棘丛“林”（）。甲骨文表示“走”到（）长满“荆棘丛”（三株有尖刺的植物）的“国家”（）。商周时代的“楚国”遍地荆棘，所以又称为荆国，位于湖南湖北一带；金文及篆体表示“脚”踏“荆棘丛林”。“楚”的本义为“荆棘”，古时称为牡荆，是用来责打学生的枝条，所以引申为痛苦、明白（责打使其明白），相关用词如苦楚、清楚等。

甲 金 篆

棥

fán

将两树间（）的树枝交错（）成围篱。《广韵》：“棥，藩屏也。”

金 篆

樊

fán

以两手（）编织两树间的树枝（，棥）。“樊”的本义是编织围篱，引申为围篱，相关用词如樊篱（篱笆）、樊笼（鸟笼）。

金 篆

攀

pān

手（）抓“篱笆”（，棥）往上爬。相关用词如攀登、攀附等。

篆

木制用具

树木可以用来制作许多有用的器物，例如农耕器具“耒”，或搬运重物所用的木担架“東”，抑或是与建筑物有关的墙、床等物。

示意图	楷体	构字本义	衍生之常用汉字
	耒	以木杆及犁头刀所组成的农具	耕耤籍藉等
	東	木制担架	東重動量糧陳曹遭童等
	才	木桩	材存在閉財栽哉戴載等
	干	木制叉器	扞訐趕旱桿竿稈乖插軒罕庚唐康庸等
	于	梁柱	宇平竽盂污迂吁虧夸雩粤等
	爿	木的左半边，代表床或墙	牀牆戕寢寐寤將妝臧疾病疒淵肅蕭
	片	木的右半边，代表木片	牌版牒牘牖等

“耒”——以木杆及犁头刀所组成的农具

耒

lěi

以“木”杆（ ）及“犁头刀”（ ）所组成的农具。

金文 是耒耜的象形文，是由“木杆”（耒）及“犁头”（耜）两部分所组成。篆体 则以“木”来表示木杆，并以“三横画”来表示可以刻画出犁沟的犁头刀。《白虎通》记载，耒是神农氏所发明的，把犁头刀（或铲土头）绑在一根木棍上，可以在地上挖出一条条犁沟。

金

篆

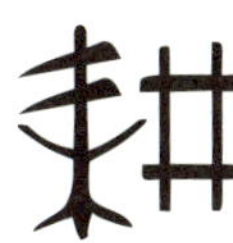

耕

gēng

在“井”（ ）田里以“耒”（ ）来犁田。

篆

耤

jí

或jiè。**“昔”日（ ）农夫依靠“耒”（ ）来耕田。**

“耤”的甲骨文 是一个人伸手握住耒耜，这是描写犁田的象形文，此象形字所画的耒耜形状与河姆渡文物几乎一模一样。“耤”的篆体改作 ，代表从前（ ，昔）的人借助“耒”（ ）来犁田。

甲 金 篆

藉

jiè

“昔”日农夫依靠“耒”（ ，耤）将杂“草”（ ）搅拌进土壤里。

“藉”引申为依靠、杂乱，相关用词如凭借、杯盘狼藉等。

篆

籍

jí

以“竹”简（ ）将农夫耕作（ ，耤）之事记录下来。

周朝官府都会将农人耕种之事记载于官方的简册上，以便收取税捐，“籍”引申为登记入册、书本，如户籍、税籍、书籍等。

篆

𣥂“東”——木担架

東 东

dōng

“木”（ ）制“担架”（ ）。

“車”与“東”的构字概念相近，有时甚至可互换，例如“舆”的甲骨文是 ，但篆体却写成 。“車”与“東”的构字都是以 来表示可载送人或货物的板架。“东”的甲骨文 、 及金文 、 在“木”（ ）上添加一个“板架”（ ），此乃描写一具可运送重物的木担架。因此，“東”所衍生的字，如重、動（动）、童、陳（陈）、曹、遭等，都与搬运重物有关。商周时期，东边的陈国、曹国等人擅长以木担架搬运重物，所以以木担架“ ”的形象代表东方。

甲

金

篆

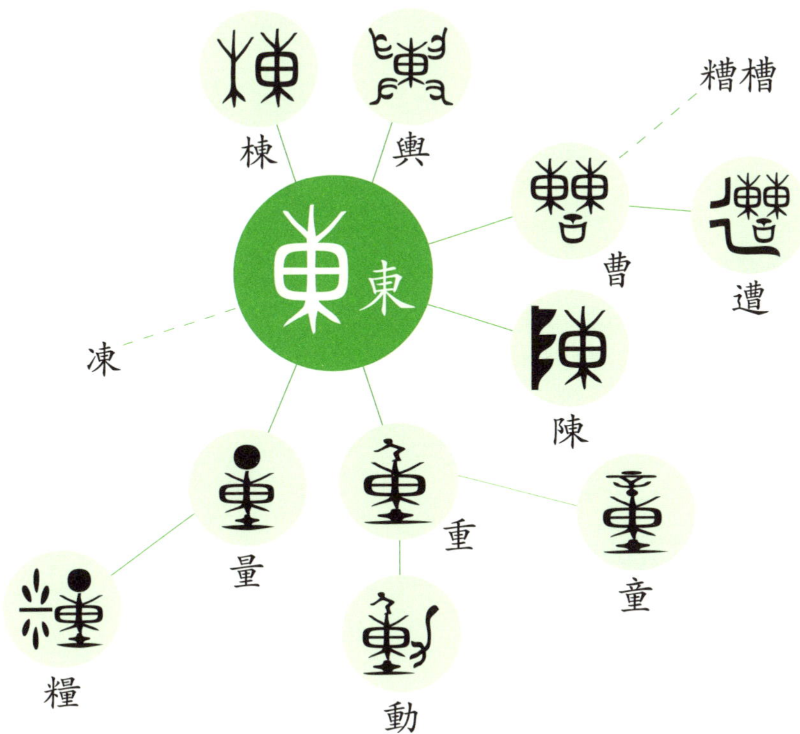

輿舆

yú

“四人”（ ）同抬“木担架”（ ），抬轿。

篆体代表“四手”（ ）同抬一“车”（ ）。令人不解的是，车子既然有轮子可以行走，又何须扛抬呢？原来，它的甲骨文是四手同抬一个“木担架”（ ，东），木担架可以用来抬重物，但若是用来抬人则成了轿子。由于车子与木担架的功能是相同的，都是用来运输的，因此，篆体 将“東（东）”改成“車（车）”。舆的另一种篆体是一个可四面扛抬的轿子，而篆体 则添加了声符“与”。“舆”的本义是抬轿或轿子，但后来广泛成为陆上交通工具的总称，又引申为众人的（取其多人扛抬护驾的意义）、地理（取其车子所经道路的意义），相关用词如乘舆、舆论、地舆等。轿子的记载最早出现在《尚书》：“予乘四载，随山刊木。”其中的“四载”，就是四个人扛抬的轿子。

甲 金 篆

棟栋

dòng

可用来扛抬“担架”（ ）的横“木”（ ）。

扛抬木担架所使用的木材必须够坚韧才足以承受重物，故引申为强固的横木，也就是横梁，如栋梁。

篆

重

zhòng

或chóng。**“人”（ ）肩扛“木担架”（ ）以运“土”（ ）。**

甲骨文 是一个人在木担架上面，应是代表坐在轿子上的人，但金文 、 却像是一个人肩扛木担架，篆体 添加了“土”，代表人以木担架扛土，古代的许多建筑工程，不是挖土、填土、烧土，就是夯土，因此常常需要搬运大量泥土。总之，无论是抬人或抬土，对于扛抬的人而言，都是极重的负担。

金 篆

動动

dòng

用“力”（ ）推“重”（ ）物，才能将它移动。

极重的石头挡在前面，于是铆足劲儿，奋力一推，石头终于动了起来，这样的情景似乎是古代人常有的经验，于是激发了古人创造这个有趣的汉字。

量

liáng

或liàng。**测测看“物品”（ ）有多“重”（ ）。**

甲骨文 、 及金文 代表将某一“物体”放在木担架（ ）上，让扛抬的人感受它的重量。后来，篆体 将其中的“東（东）”改成“重”，代表测测看“物品”有多“重”。

甲 金 篆

糧粮

liáng

测“量”（ ）“米”（ ）的重量。

篆

童

tóng

搬运“重”（ ）物的年轻“罪犯”（ ，辛）。

金文 表示站“立”的人（ ）提“重”物（ ），篆体 则是由“辛”与“重”所组成的会意字，表示“罪犯”（ ），搬运“重”物（ ）。《说文》：“男有辠曰奴，奴曰童，女曰妾。”

金

篆

陳陈

chén

用“木担架”（ ）搬运泥“土”以建造“城墙”（ ，阝）。

陈国是春秋时代的诸侯国，建都宛丘（今河南淮阳），宛丘的意思就是一块四围有土坡环绕的地区，也就是今日所谓的盆地地形。《诗经》中有一首诗《陈风·宛丘》描写出它的地形：“坎其击鼓，宛丘之下……坎其击缶，宛丘之道。”陈氏祖先陈满受封后，便在宛丘四围筑起高大城墙，墙外并有护城河守护，于是将陈国建造成一个富庶又坚固的国家。《吕氏春秋》记载有关陈国的高大城墙：“荆庄王欲

金

篆

伐陈，使人视之。使者曰：‘陈不可伐也。’庄王曰：‘何故？’对曰：‘其城郭高，沟壑深，蓄积多，其国宁也。’”“陈”的金文、及篆体代表“手持工具”（，支）铲土，并以木担架（）搬运泥“土”（）以建造“城墙”（），这似乎是描写古代陈国人民在四围筑城挖沟的景况。“陈”的本义为布建城墙，引申为整齐地排列，相关用词如陈列、陈设等。

曹

cáo

两组人马以木担架（）运送重物，前进时发出整齐的声音（，曰）。

军队在行进的时候，常常会喊出“一、二、一、二……”的声音，金文是木担架两两前进的会意字，金文及篆体则添加了具有说话意义的“曰”，因此是以口号来达到有次序前进的目的。《楚辞·招魂》所说的“分曹并进”就是指队伍有次序地分批前进。“曹”的引申义为群、辈，如我曹、尔曹、官曹等。篆体、、是逐步简化的结果。

金

篆

遭

zāo

一同扛抬重物（，曹）在路上行走（，辶）。

“遭”引申为承受、不幸际遇、走一回，相关用词如遭受、遭遇、走一遭等。

篆

有学者认为（东）是两头结扎的大袋子或层层围捆的包裹，就构形而言，的确有几分相像，但这个看法不合理之处在于，麻袋都是只有一个开口而不是两个开口，因为两个开口的麻袋是很难使用的。更何况，代表麻袋的象形字是“西”而非“东”。另外，在古字里，东与土两符号常同时出现，意表用“东”来运“土”，若东代表围捆的包裹，那岂能包土而不漏土呢？况且运土前还得要将它层层包裹，不是很没效率吗？

“才”——木桩

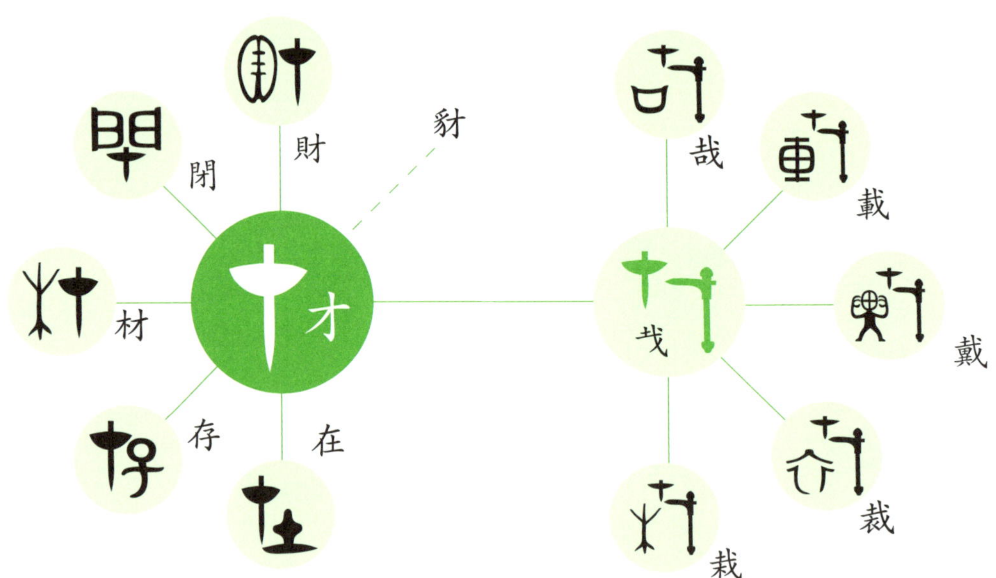

才

cái

一支稳固扎在"土地"里（）的"木桩"（）。

甲骨文、、金文及篆体、代表一支根部紧紧扎在土里的木桩或梁柱。"才"的本义是木桩或可供建筑用的良材，是"材"的本字，引申为有用之人或物，相关用词如才能、人才等。

甲 金 篆

材

cái

能稳固扎在土里（，才）的坚实"木"头（）。

在

zài

木桩稳固地扎在（，才）某一块"土"地（）上。

"在"本义是把木桩敲进地里，引申为生存于某地，相关用词如存在、在场。《说文》："在，存也。"

金 篆

存

cún

孩"子"（）像一根"稳固扎在地土"里的木桩（，才）。

古代有许多孩子未长大即夭折，而"存"具有稳定生长的引申含义，相关用词如生存、存活、保存、存在等。

篆

閉闭

bì

将横木紧紧插在（，才）“门”鞘（）里，闩门。

金 篆

財财

cái

将“尖棒插进”（，才）“贝”壳（）里打孔，便可成为钱币。

夏商时期流通的货币称为贝币。金文是由“对、贝”所组成，代表手拿凿子去凿贝壳，这是描写制作贝币的过程，因为古代的贝壳需经过凿孔、打磨的过程才能成为钱币。

篆

戈

zāi

将戈头“戈”（）牢牢插在（，才）长柄（）之上。

完整的戈（）包括戈头（）、柲（）和鐏（）。柲是一支木制长柄，戈头与鐏皆为青铜制，分别安装在木制长柄的前端与尾端。战国时代的戈头有（、）两种，前者是直接套进去，后者是需要用绳子绑住。甲骨文、、金文及篆体都是由“才”与“戈”所组成，代表将“戈”头“牢牢安插”在长柄上。值得注意的是，这些象形字都是将“才”放在“戈头”的部位，意在强调将戈头插进去。

甲 金 篆

“𢦏”是“哉”的本字，本义为安插戈头，引申为牢牢地安装。

“戈”头（ ）牢牢插进（  ，才）长柄（ ）之后所发出的“感叹声”（ ，口）。

哉

zāi

“哉”的本字是“𢦏”，例如“载”也写作“𨌲”，其中的“哉”与“𢦏”是通用的。“哉”字里的“口”，原是指戈头的接口，表示安装戈头时必须对准接口。但因此义的“哉”与“𢦏”相同，所以改作感叹用字，相关用词如哀哉、美哉。

金 篆

将“木”桩（  ）“牢牢地插进”（ ，𢦏）土里。

栽

zāi

《左传》记载一段“里而栽”的典故。春秋时代鲁哀公元年，楚国围攻蔡国，无奈蔡国的城墙高大又坚固，城墙外还有护城河保护，因此久攻不下，只好派人向首都柏举报告此困境。楚国的大臣子西于是献九日筑垒围城的策略，首先，先在蔡城的方圆一里外围，打下木桩，然后沿着木桩竖起大片木板，形成一道挡土墙，接着倒入泥土，夯实，短短九昼夜，就堆起一座简易的土墙。这道土墙围堵了蔡国的所有出入口，土墙上还有楚国的弓箭手，射杀出城的人。蔡国人民坐困愁城，眼看粮食就要耗尽，一片哀声，最后只好竖起白旗，

金 篆

打开城门。城内居民为了保全性命，分成男女两队，左右列队出城，迎接敌人进城以示臣服。自此，蔡国被消灭，人民被迁往长江与汝水之间。（《左传》：“楚子围蔡，报柏举也，里而栽，广丈，高倍，夫屯，昼夜九日，如子西之素，蔡人男女以辨，使疆于江汝之间。”）《说文》：“栽，筑墙长版也。”可见“栽”的本义是插桩筑墙，引申为种植树木，相关用词如栽种、栽培等。

戴

dài

双手将面具（，異）“稳妥地套进”（，戈）头部。

“戴”引申为套进、拥护，相关用词如佩戴、拥戴等。

篆

裁

cái

使“衣”服（）能“稳妥地套进”（，戈）他人身上。

裁缝师傅制作衣服，必先为客户量身，然后依照尺寸剪布制衣。唯有如此，客户才能穿得合身。“裁”的本义是量身制作衣服，引申为剪去多余的布、合宜地制作、合宜地处置，相关用词如裁缝、裁判等。

篆

载载

zài

或zǎi。将货物“稳妥地安设”（，戋）在“车”内（）。

车子行走的时候会摇摇晃晃，因此，必须将载送的货物用绳子牢牢绑在车上。古代运酒的车子，都有特制的酒瓮座，目的是安置酒瓮使得运送过程中不至于撞破。“载”引申义为运送，相关用词如承载、载客等。

金

篆

“干”——木制叉器

古人从树上截取一支左右分岔的树枝，将其晒干，使其变得坚硬，不但可以成为最简便的防卫武器、捕猎用具，也可以当作农杈。“干”是古代的叉型武器或农叉。庚的甲骨文、、、及金文、、代表“两只手”拿着两齿叉、三齿叉、四齿叉及五齿叉的象形文，小篆代表“双手”持“干”，可见“干”就是多齿叉器。“干”的本义是叉器，引申为武器、侵扰、招惹等，相关用词如干戈、干犯、干涉等。此外，“干”还有一种用途，当高处的东西够不到，就可以用长干来拨。因此，“干”也引申为“向上请求”，如干求、干禄等。

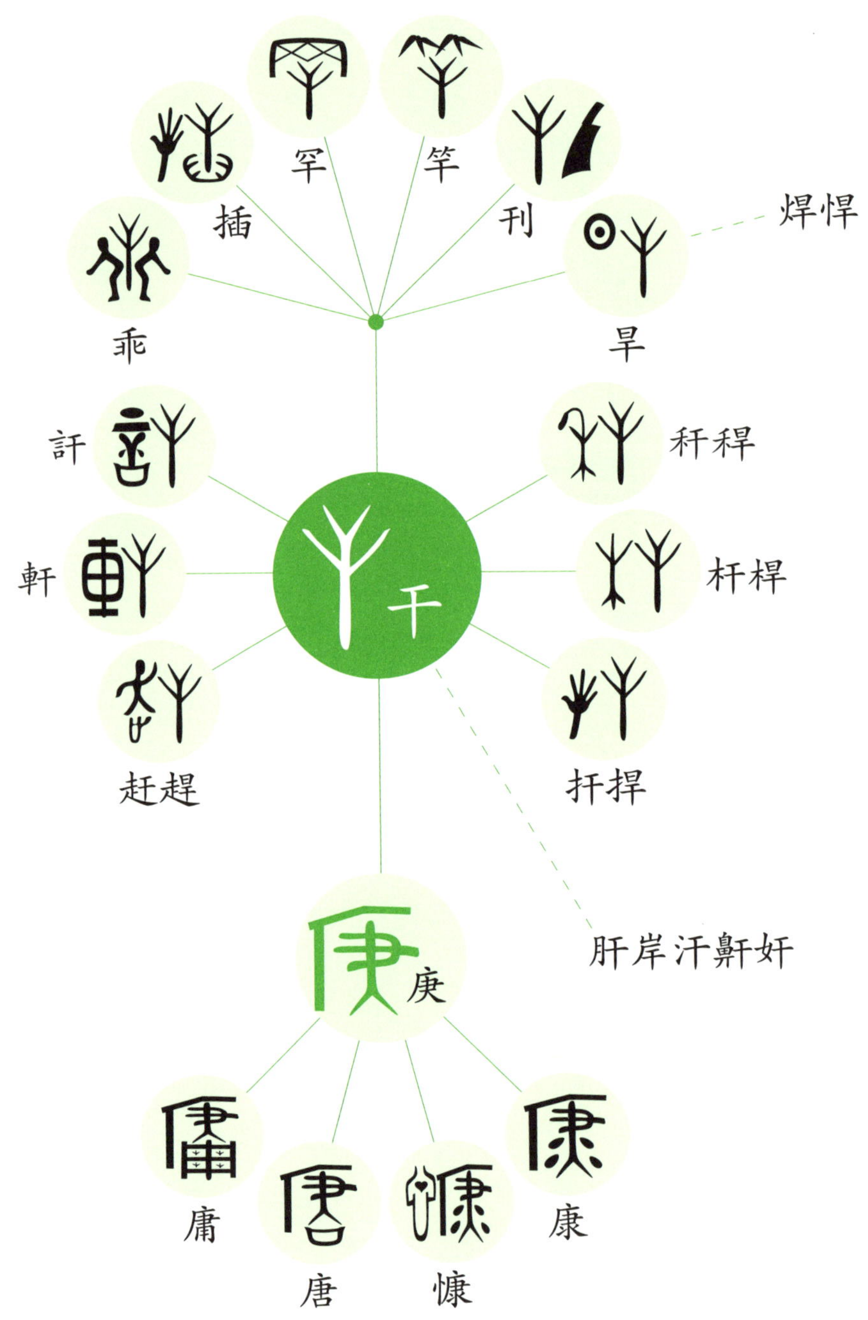

罕
竿
插
刊
焊悍
乖
旱
訏
秆稈
軒
干
杆桿
赶趕
扞捍
庚
肝岸汗鼾奸
鄘
康
庸
唐
慷

扞

hàn

或gǎn。或捍。“手”（ ）执“干”器（ ，干）防卫。

相关用词如捍卫、扞格不入。

篆

訐讦

jié

用“言”语（ ）“干”（ ，干）犯他人。

相关用词如攻讦、讦发等。

篆

赶

gǎn

或赶。手持“干”器（ ，干）趋“走”（ ）敌人。

金文 及篆体 是干与辶或走的会意字，这是描写拿着叉型武器驱逐敌人的景况，相关用词如追赶、赶跑等。隶书将“赶”改成“趕”，而简体字又将“趕”还原为“赶”。

金

篆

插

chā

用“手”（ ）将“干”器（ ）置入“臼”（ ）中。

相关用词如插花、插画等。

篆

旱

hàn

经过“太阳”（ ◉ ，日）曝晒过的“树杈”（ 丫 ，干）。

“旱”本义为晒干的树枝，引申为干燥、久不下雨，相关用词如干旱、旱灾等。古人从树上截取分岔的树枝，必须先经过晒干，才能成为坚实耐用的叉器。在古字中，“干”与“旱”是通用的，如赶与趕、杆与桿、秆与稈都是一样的。

旱 篆

杆

gǎn

或gān。**或桿。“木”制（ ）长“干”（ ）。**

“桿”的简体字为“杆”。

竿

gān

“竹”制（ ）长“干”（ ）。

竿 篆

秆

gǎn

或稈。麦“禾”（ ）的长“干”（ ）。

篆体 秆、稈 都是代表长长的禾茎。

秆 篆

刊

kān

以"刀"（ ）削去多余支条以制作"干"器（ ）。

"刊"的本义是削去不必要的部分，引申为削去、修正，相关用词如随山刊木、刊正、刊物等。《广雅》："刊，削也。"

篆

軒轩

xuān

有长"干"（ ）架顶的敞篷"车"（ ）。

"轩"引申为有顶棚的大车。"轩"为古代华丽的车轿。

篆

罕

hǎn

捕鸟的"长柄"（ ，干）"网"子（ ，网）。

"罕"是一支用来捕鸟的长柄网子。由于落网的鸟很少能逃脱，所以引申为鲜少，相关用词如罕见、稀罕等。"罕"与"毕"的构字概念相当接近。《广韵》："罕，鸟网。"《史记·天官书》："毕曰罕车，为边兵，主弋猎。"

篆

持农叉忙秋收

《诗经·豳风》如此描写周朝的秋收："九月筑场圃，十月纳禾稼。"意思是说九月整理打谷场，十月晒谷纳入粮仓。

“庚”“康”与“唐”这几个字就是描写秋收情景的。

庚

gēng

手（ ）持“农叉”（ ）在屋前广场（ ，广）处理收割后的谷物。

“干”是古代的叉型武器或农叉。“庚”的甲骨文 、 、 、 及金文 、 、 代表“两只手”拿着两齿叉、三齿叉、四齿叉及五齿叉的象形文，小篆 代表“双手”持“干”，可见，“干”就是多齿叉器。“庚”表示“双手”持“干”（农叉）处理收割后的谷物，引申为秋收季节、年岁（因为北方小麦一年一获）。《说文》：“庚，象秋时万物庚庚有实也。”每到秋收季节，农民将收割后的麦禾，经过打谷、晒谷、簸谷等程序才能得到可食用的小麦。打谷是为了将麦粒与禾秆分开，农夫先以农具捶打地上的麦禾，使得麦粒一颗颗落在下层，接着农夫用农叉将上层已无麦粒附着的禾秆取走，留下一堆麦子。“庚”的古字构形到了隶书产生变革，添加了“广”（代表屋前的打谷场），持叉的双手简化成单手，四齿农叉简化为两齿农叉。连带的，“庚”的衍生字“康、唐、庸”也都出现同样的变化。

甲 金 篆

楷体	庚	康	唐	庸
变化前				
变化后				

康 kāng

在屋前广场手持农叉（庚，庚）以扬起谷物，“糠秕”（ ）随风飘散。

在古代，没有鼓风车，农夫都是以农叉来扬谷去糠。当秋风吹过晒谷场的时候，农夫用叉子将晒干的麦子向上抛起，糠秕随风飞散，留下饱满的麦粒。“康”是“糠”的本字，本义是扬谷去糠，引申为安乐、富裕，充分表达秋收季节的欢乐景象，相关用词如康乐、安康、健康等。“簸”与“康”具有相近的构字概念，扬谷去糠就是所谓的“簸谷”，簸（ ）表示以畚“箕”（ ）扬谷去“皮”（ ）。《说文》：“康，穅或省作康。”

甲 金 篆

慷 kāng

扬谷去糠（康，康）时的“心”情（ ，忄）。

“慷”描写秋收时的心情，引申为兴奋激动、热情大方，相关用词如慷慨激昂、慷慨大方等。

甲

唐 táng

在屋前广场手持农叉（庚，庚）扬谷去壳时开“口”（口）说话。

在早年的台湾农村里，常可见到鼓风车扬谷去糠的情景，稻子晒干之后，农夫就将稻谷送进转动的鼓风车里，这时候，家家户户都会赶紧

甲 金 篆

把门窗关好，免得令人发痒的糠秕、谷毛飞进屋子里。晒谷场上的人都是全身包紧且闭紧嘴巴不敢说话。这个景象早在周朝就出现了，周朝人借着“唐”来警戒人扬谷去糠时不要随便开口。甲骨文、金文及篆体都是表示在扬谷去壳（）时开口（）说话。在扬谷去壳时实在不太适合说话，不但需要很大声，而且谷壳到处飞舞，开口也不太卫生。所以，“唐”引申为鲁莽、说大话，相关用词如唐突。另外，唐也是朝代名称。《说文》：“唐，大言也。”

庸

yōng

在屋前的农田（，用）里，手持农叉努力耕作（，庚）。

“庸”引申为平凡、苦劳，相关用词如平庸、酬庸等。

金

篆

“于”——沿着梁柱缓缓上升的烟

于

yú

上下两根横梁（二）及一根垂直柱（丨）所组成的梁柱。

“于”的甲骨文、金文及篆体代表上下两根横梁及一根垂直柱所组成的梁柱，上梁支撑屋顶，而下梁支撑人居住的地板，这个构形与河姆渡文化的干栏式建筑是吻合的。浙江余姚河姆渡遗址上发现大规模的干栏式建筑，距今超过六千年。干

甲

金

篆

坪評萍
秤抨
宇
平
于
亏亏于
雩
虧
粤
污汙盂
吁
迂
盂
竽
垮
夸
誇
跨

栏式建筑是为了防止洪水及野兽侵袭所发展的一种高架式木造建筑。建造者首先在土中打入木桩，接着在木桩上架起横梁并铺起厚厚一层木板，上层供人居住，下层为开放式空间。由“干”所衍生的汉字当中，有不少与房屋建筑有关，如平、宇等。

宇

yǔ

房屋（，宀）梁柱（，于）下的活动空间。

《易经》记载，上古之人居住在洞穴，后来则创建所谓的“上栋下宇”的宫室居住，以避风雨。（《易经》：“上古穴居而野处，后世圣人易之以宫室，上栋下宇，以待风雨。”）这里所说的“上栋下宇”应是指两层式干栏式建筑，“上栋”是指上层人所居住的华丽屋室，而“下宇”则是指下层的开放空间，宋·袁文《瓮牖闲评》将它诠释为庭宇、院宇、宇下。下层的开放空间不但是工作空间，也是休闲空间，还可以用来饲养动物。“宇”引申为宽敞的活动空间，相关用词如院宇、宇宙、屋宇等。

甲 金 篆

平

píng

必须左右均“分”（）地安置“梁柱”（，于）。

建造房屋时，安放梁柱是一个非常重要的程序。放置横梁时，非常讲究水平，否则“上梁不正下梁歪”。“平”的金文、及篆体都是

金 篆

在“横梁”两侧添加八（“分”的本字），表示上下两根横梁均分在垂直柱之上，借以表明这个房舍的横梁是经过水平校正过的。相关用词如平衡、平面、平坦、公平等。

亏 于

yú

或亏。升“上”天空（二）的“烟气”（丂）。

古人在屋梁下生火煮饭时，烟气就会沿着垂直柱、横梁，再沿着屋檐散至室外。“亏”的甲骨文及金文是描写“烟气”沿着“梁柱”（干）缓缓上升的情景。后来做了一些变化，篆体则是描写盘旋而“上”（二）的“烟气”。“亏”是由“于”所衍生的字，两者的意义相近却不相同，但两千多年来都被视为异体字，互为通用。“亏”的本义是沿着梁柱上升的烟气，引申为往、于、在等，相关用词如之子于（亏）归等。

甲 金 篆

雩

yú

求“雨”（雨）的祭祀“烟气达于上天”（亏，于、亏）。

甲骨文代表向“神”（丅、示，示）求雨（雨）。后来，另一个甲骨文、金文及篆体将“示”改成“于”，代表祭神求雨的烟气直达天上。商周时期，若遇旱灾，就会举行烟祭，并命巫祝跳祈雨舞，吁求上天降雨。《周礼》：“若国大旱，则帅巫而舞雩。”

甲 金 篆

盂

yǔ

上升的烟气（，于）从“盆”（，皿）内散溢出来。

盂是古代盛汤、酒、尿、痰等液体的容器，相关用词如痰盂等。这些液体的气味浓厚，常常弥漫于室内，令古人印象深刻，于是造出这个饶富趣味的汉字。《史记·滑稽列传》：“酒一盂。”

甲 金 篆

迂

yū

上升的烟气（，于、亏）四处游走（，辶）。

“迂”引申为弯曲而行，相关用词如迂回、迂腐等。

篆

污

wū

或汙、盓。“水”（）中发出恶臭的“烟气”（，于、亏）。

篆体代表尿“盆”（，皿）里的“水”发出“烟气”，后来简化为，引申为肮脏的，相关用词如污秽、污染等。

“污”“汙”“盓”三者为异体字，意义与发音都相同。

篆

吁

xū

“口”里吐出（口）“烟气”（亏，于、亏）。

“吁”引申为长长的叹息声，相关用词如长吁短叹、气喘吁吁。

金 篆

竽

yú

“气流”（亏，于、亏）经过“竹”管（⺮）而发声。

金文呈现四个符号，分别为口含（亼，亼）、竹管、气流（于）及握竹管的手，是一个吹奏竹管的象形文。“竽”是古代的竹制吹管乐器。

金 篆

虧亏

kuī

“鸟”（隹，隹）斗不过“虎”（虍，虍），最后一命呜呼（亏，于、亏）。

黑龙江东北虎林园区是一座保护野生东北虎的基地。到了喂食时间，管理员都会丢进许多活鸡，满地只见奔逃的鸡及大快朵颐的老虎。“亏”的相关用词如吃亏、亏欠等。

“爿”——半木

“爿（qiáng；chuáng）”的甲骨文是“木”（木）的左半边，后来又添加底座而成，像是一张床的床面与脚座。古人将树木从中劈开，破开的半棵树，简称“半木”。元朝周伯琦认为左半木为“爿”，右半木为“片”。

“爿”——以半木作墙

戕

qiāng

拿着“武器”（，戈）破“墙”（，爿）而入。

“戕”引申为将人杀害，如戕害。

甲 金 篆

臧

zāng

极好的东西，必须安藏在有“墙”（，爿）或屏障之处，除了随时“注视”（，臣）之外，还要用“武器”（，戈）护卫。

“臧”引申为美善之物，相关用词如臧否等。《尔雅·释诂》：“臧，善也。”

篆

藏

cáng

或zàng。**将“好东西”（，臧）用“草”（）掩盖。**

相关用词如藏匿、宝藏等。

篆

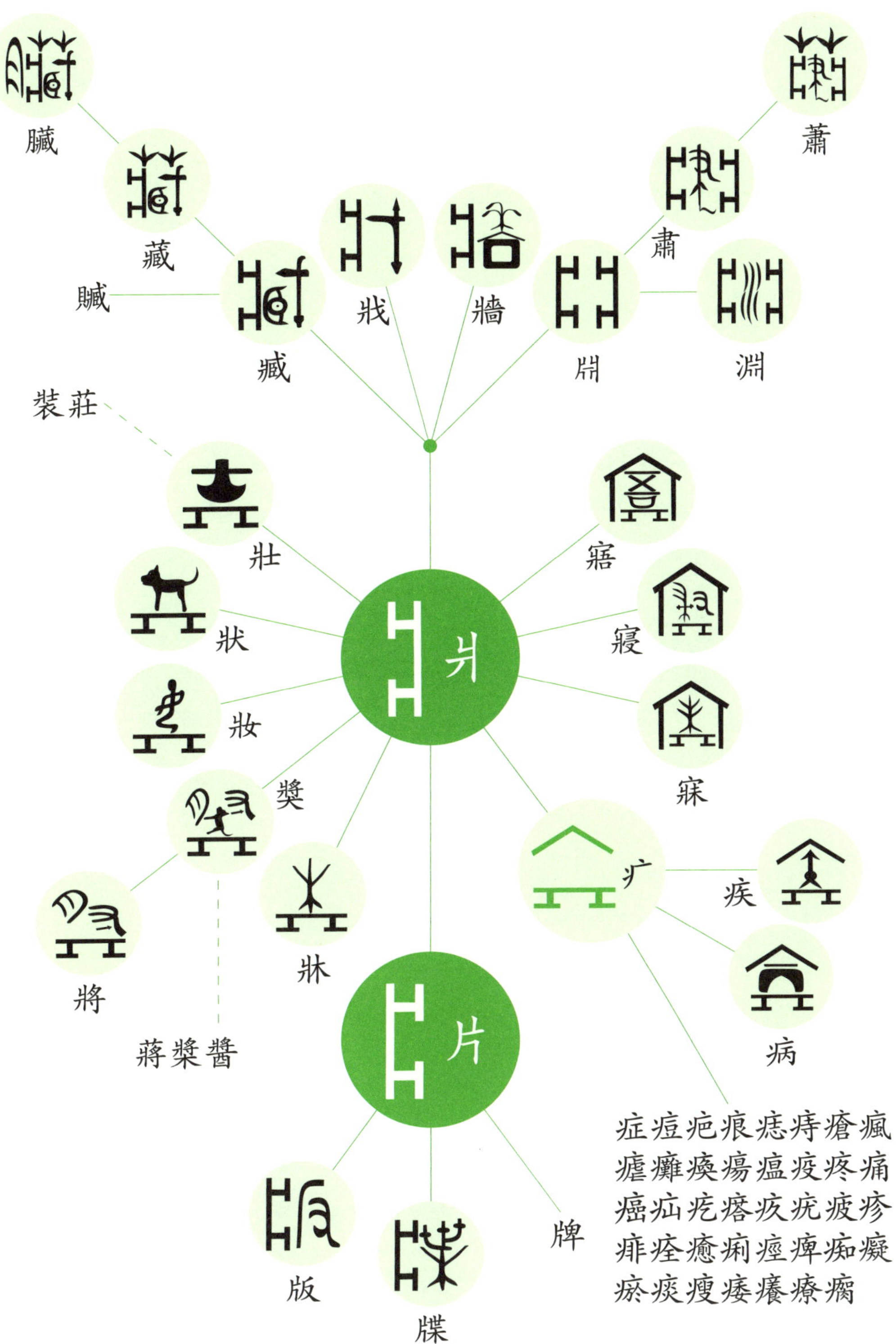

臟
藏
贓
臧
戕
牆
肅
蕭
淵
爿
片
裝莊
壯
狀
妝
奬
將
蔣槳醬
牀
寤
寢
寐
疒
疾
病
症痘疤痕痣痔瘡瘋
瘧癱瘓瘍瘟疫疼痛
癌疝疙瘩疚疣疲疹
痱痤癒痢痙痺痴癡
瘀痰瘦痿癢療瘸
版
牒
牌

臟脏

zàng

隐"藏"（ ）的"身体器官"（ ，月）。

淵渊

yuān

左右高墙（ ，𣶒）间的深谷溪水（ ，氵）。

简帛体 是两面高墙，中间有水流的象形字，这是古人对深渊的描写。

金

篆

肅肃

sù

在"左右墙垣"（ ，𣶒）隔离下，专心"书写"（ ，聿）谋划。

所谓的"萧墙"，本作"肃墙"。古人在书写或办事时，为了避免受到直接干扰，因此设立此屏障，外人求见则需先在屏风外通报。这道屏障也设在君臣之间，因此东汉郑玄说："萧之言肃也；墙谓屏也。君臣相见之礼，至屏而加肃敬焉，是以谓之萧墙。"可见，所谓的"萧墙"就是指宫室内为了隐私或隔离干扰所设立的墙垣或屏风。而"萧墙之祸"就是指宫廷内部争斗所引起的祸害，如《论语》："吾恐季孙之忧，不在颛臾，而在萧墙之内也。""肃"本义是指隔离用的墙垣或屏风，引申为恭敬、静穆等，相关用词如肃静、严肃等。另一个篆体表示一个跪坐的人（）在专"心"（）"书写"（）谋划。《说文》："肃，持事振敬也。""爿"代表木制的墙。

萧萧

xiāo

生长在"荒凉"之地（，肃）的野"草"（，艹）。

艾蒿，又称为萧艾，味苦，后人将它运用在针灸术中，艾蒿点燃后可用来熏蒸穴道。"肃"的本义是有高墙隔离的地方，在此引申为人烟稀少的荒凉之地。"萧"引申为萧条凄凉的草地，相关用词如萧瑟、萧条。

"爿"——以半木作床或长板凳

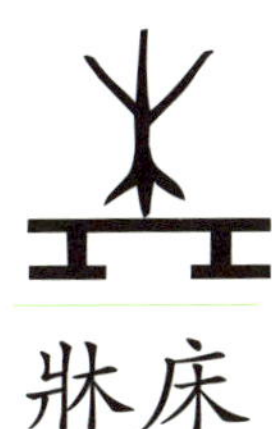

牀床

chuáng

"木"（）制的"床"（，爿）。

篆

寢寝

qǐn

"手"（，又）持扫"帚"（）清理"房间"（，宀）后再上"床"（，爿）睡觉。

篆

寐

mèi

躺在"室内"（，宀）的"床"上（，爿）而尚"未"（）醒来。

金文是一个人躺在床上的象形文，其中"未"是修饰符号，用以形容此人尚未睡醒。

金 篆

寤

wù

从屋内（，宀）的床（，爿）上醒来"说出有条理的话语"（，吾）。

"寤"是描写一个人睡醒后，神智清楚的状态，引申为睡醒，"寤寐以求"是指日夜祈求。《说文》："寐觉而有言曰寤。"

篆

妝妆

zhuāng

"女"人（）坐在"床"（，爿）上梳理打扮。

相关用词如梳妆、化妆、嫁妆等。

甲 金 篆

將将

jiāng

“手”（，寸）拿“肉”（，月）坐在“长板凳”（，爿）上享用的人。

首领也，可驱使他人者也。相关用词如将军、将领等。

篆

獎奖

jiǎng

坐在“长板凳”（，爿）上，“手”（，寸）拿“狗”（，犬）“肉”（）享用。

在古代，狗肉比羊肉与猪肉更有价值，常被用来奖励有功的战士。春秋时期甚至还有用狗肉奖励生育的趣事。越王勾践为了复仇，实施奖励生育的政策，若妇女生下男孩就能获得狗肉作为奖赏，若生女孩仍能得到猪肉的奖赏。除此之外，狗肉也是献给神的美物，如《礼记》记载：“凡祭宗庙之礼：牛曰一元大武，……犬曰羹献。”

篆

狀状

zhuàng

陈尸在“长板凳”（，爿）上的“狗”（，犬）。

士兵们盯着烤好的狗肉，完整地陈列在长板凳上，无不垂涎，然而，只有勇士能享此美味。

“状”引申为样式、功绩，相关用词如形状、奖状等。现今，越南河内等地仍有商家在贩卖整只烤狗，这是传统文化所遗留的习俗。《说文》：“状，犬形也。”

篆

壯壮

zhuàng

手持大斧的“审判官”（士，士）坐在“长板凳”（爿，爿）上。

“壮”的本义是握有生杀大权的审判官，引申为威猛，相关用词如强壮、壮士等。古代男子年过三十，称为壮年。

壯 金

壯 篆

士

shì

手持“青铜大斧”的审判官。

皋陶是中国历史上第一位审判官，充满智慧，善于透过逻辑推理以揭穿诡诈不法之情事。《尚书》记载舜吩咐皋陶说：“皋陶，汝作士。”西汉孔安国说：“士，理官也。”可见，“士”就是“理官”，也就是掌管刑事案件的“审判官”，而青铜斧就是审判官的权力象征。金文士、士的构形与“王”极为相近，也是一个斧刃向下的青铜大斧。青铜钺本是君王的象征，表示拥有最高审判权，但君王也会将象征杀头之刑的斧头交付给审判官，因此，汉字便由“王”字分化出“士”。“士”的本义为有智慧的审判官，引申为各级官员、有学问的人，相关用词如卿士、学士、男士等。古代“士农工商”四种职业，士就是指当官的或努力读书准备当官的人。

士 金

士 篆

“疒”——卧病在床

“疒”俗称“病字头”，它的构字本义是“卧病在床”，包含这个符号的汉字几乎都与生病有关，如症、痘、疤、痕、痣、痔、疮、疯、疟、瘫、痪、疡、瘟、疫、疼、痛、癌、疝、疙、瘩、疚、疣、疲、疹、痱、痤、癒、痢、痉、痺、痴、痴、瘀、痰、瘦、瘘、痒、疔、瘸等形声字皆是。

疾 jí

受“箭”伤（↑，矢）而“卧病在床”（疒，疒）。

古代争战不断，身受箭伤是极为常见之事，因此箭伤便成为“疾、病”的造字背景。“疾”的甲骨文、金文及篆体是一个受箭伤而卧病在床的人。“疾”是描写突然而来的箭伤，所以引申为生病、快速、痛恨、缺失，相关用词如疾病、疾风、疾（嫉）恶如仇等。

（甲）（金）（篆）

病 bìng

因“炉火”（丙，丙）在体内燃烧而“卧病在床”（疒，疒）的人。

甲骨文是一个人生病卧床的象形文。由于古人发现，生病常常会伴随发烧现象，尤其，有箭伤之“疾”的人，必然会引起发炎、发烧，因此，篆体将卧床的“人”替换成“丙”，表示有“炉火”（丙，丙）在体内燃烧，显然这是受到细菌感染的结果。

（甲）（篆）

“片”——木片

甲骨文及金文未发现“片”字，而且依据所有含“片”构件的古字来看，可以发现“片”是由“爿”衍生出来的，用来代表木片。

版

bǎn

将木“片”（ ）“反”转（ ，反）过来，“反”也是声符。

甲骨文 代表两手将半木反转，使平整可用的一面朝向自己，“版”引申为扁而平整的木材，相关用词如版画、版面等。

甲

篆

牒

dié

像树“葉”（ ，枼）大小的木“片”（ ）。

“牒”引申为书写用的简扎，相关用词如金牒、通牒。（枼是葉的本字。）其他以“片”为义符的字有牍、牖、牌等，牖（ ）代表以木片交织而成的窗户，牍（ ）代表可供阅“读”或写字的“木片”，“牌”代表识别用的木片，其中的“卑”是声符。

篆

“朿”——捆柴

朿

懒 赖 速 敕 整 辣 剌

柬

练 谏 阑 拣 炼

蘭 瀾 爛 爛

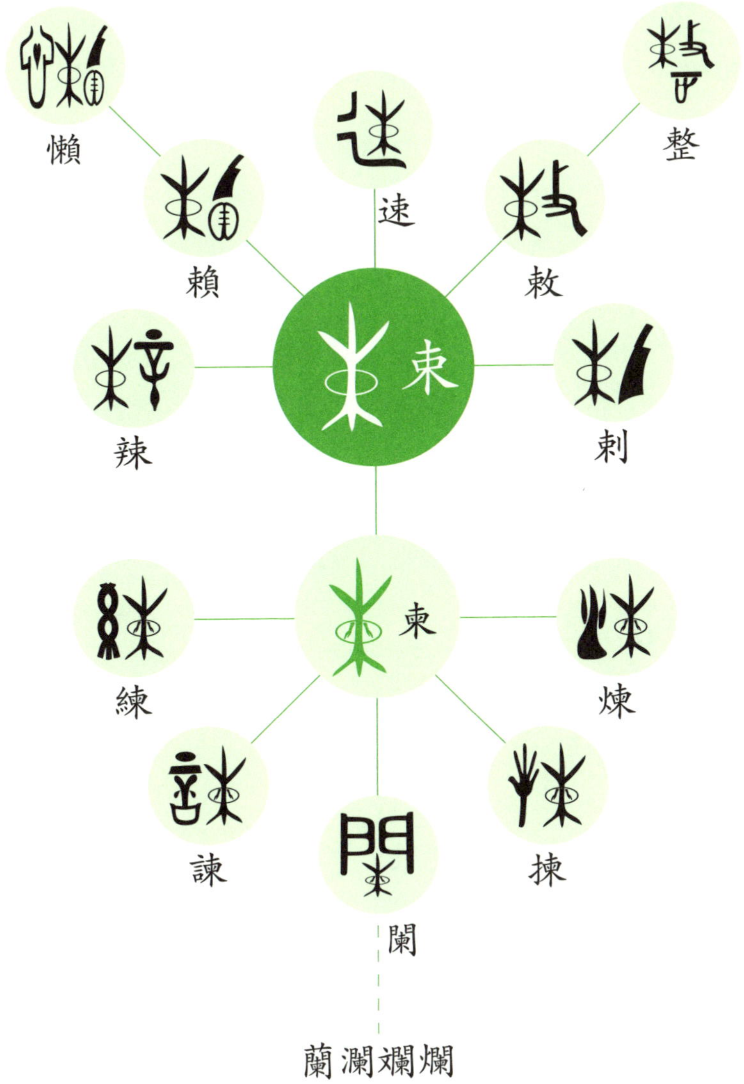

束

shù

用绳子将“木”材（ ）“捆扎”（ ）起来。

“束”的甲骨文是将稻“禾”（ ）捆扎起来，这描写的是秋收之后，农人将禾秆捆扎成束的情景。金文则是将稻禾改作木，代表将木（ ）材捆扎起来，这描写的是樵夫将一根根的木材捆扎成一大束的情景。另外，、是“束”的异体字，更清楚地描写出以“手”将木材一束束捆起来的意象。

甲 金 篆

捆扎木材时，首先要以刀具削去枝叶，再将木材修整得长短一致，（刺）代表用“刀”修整所捆扎的一“束”木材，捆扎好后，还要用木槌将突出的木材敲进去，使整捆木材的两头齐平，（敕）代表手持工具（，支）整治所捆扎的一“束”木材，引申为整顿、告诫，如皇帝敕谕天下。整治完成后，便是一束整齐的木材，（整）代表手持工具将木材修整捆扎（），使其整齐一致（，正）。

速

sù

樵夫背着一“束”木柴（ ），快速地在路上行走（，辶）。

篆

一"束"（ ）钱（ ，贝）与一把"刀"（ ）。

賴 赖

lài

"金钱"与"武器"是人赖以为生的两种最重要物品。汉字"赖"充分表现出这种价值观，篆体 代表一袋"束"紧（ ）的"钱财"（ ），另一个篆体 、 则添加了刀（ ），整体意表一束钱与一把刀，引申为依靠，相关用词如依赖、信赖等。

"心"里（ ，忄）总是想依"赖"（ ）他人。懒惰的人，遇事往往心存依赖。

"懒"的相关用词如懒散、慵懒等。

懶 懒

lǎn

一"束"（ ）有"辛"辣味（ ）的植物。

相关用词如辣椒、辛辣等。

辣

là

“柬”——挑选

柬

jiǎn

将木材“分”类（八，八）后再捆“束”（束）起来。

“柬”引申为挑选、分类。“柬”是“拣”的本字。《说文》：“柬，分别择之也。”

金 篆

揀拣

jiǎn

用“手”（，扌）挑选一捆木材（，柬）。

練练

liàn

学习以“绳索”（，糸）捆扎木材（，柬）。

相关用词如练习。

篆

諫谏

jiàn

以“言”语指导他人（）捆扎木材（，柬）。

“谏”引申为规劝他人改正行为，相关用词如进谏、谏官等。

金 篆

煉炼

liàn

以“火”烧尽（ ）一捆捆木材（ ，柬）。

“炼”引申为长时间加热使物质趋于纯净，相关用词如冶炼、锻炼等。

篆

闌阑

lán

或 。月（ ）亮出来时，挑选一捆捆木材（ ，柬）挡在大“门”（ ）前以防止牲畜及外人误侵。

古人在大门外设立栅栏，用以拦阻夜间因不慎而闯入的动物。金文 是由月、门、柬所组成的会意字，另一个金文 及篆体 则将月省略，主要是描写古人在夜晚设立屋外的栅栏，引申为夜晚、栏杆、任意闯入，相关用词如门阑（任意破阑而入的人）等。“闌（阑）”是“欄（栏）”与“攔（拦）”的本字，如《满江红》：“怒发冲冠凭阑（栏）处。”《战国策》：“有河山以阑（拦）之。”

金

篆

第三章 禾

“禾”的甲骨文及金文是一株有根、有茎叶、有穗的植物，禾是黍、麦、稷、稻等谷类植物的统称，代表禾谷或禾苗。透过“禾”的衍生字，我们大致可以窥知夏、商、周时期的谷物文明已进展到系统化造酒、以工具耕种与收割、建立公有谷仓、缴纳税租的地步了。

禾
束
帚

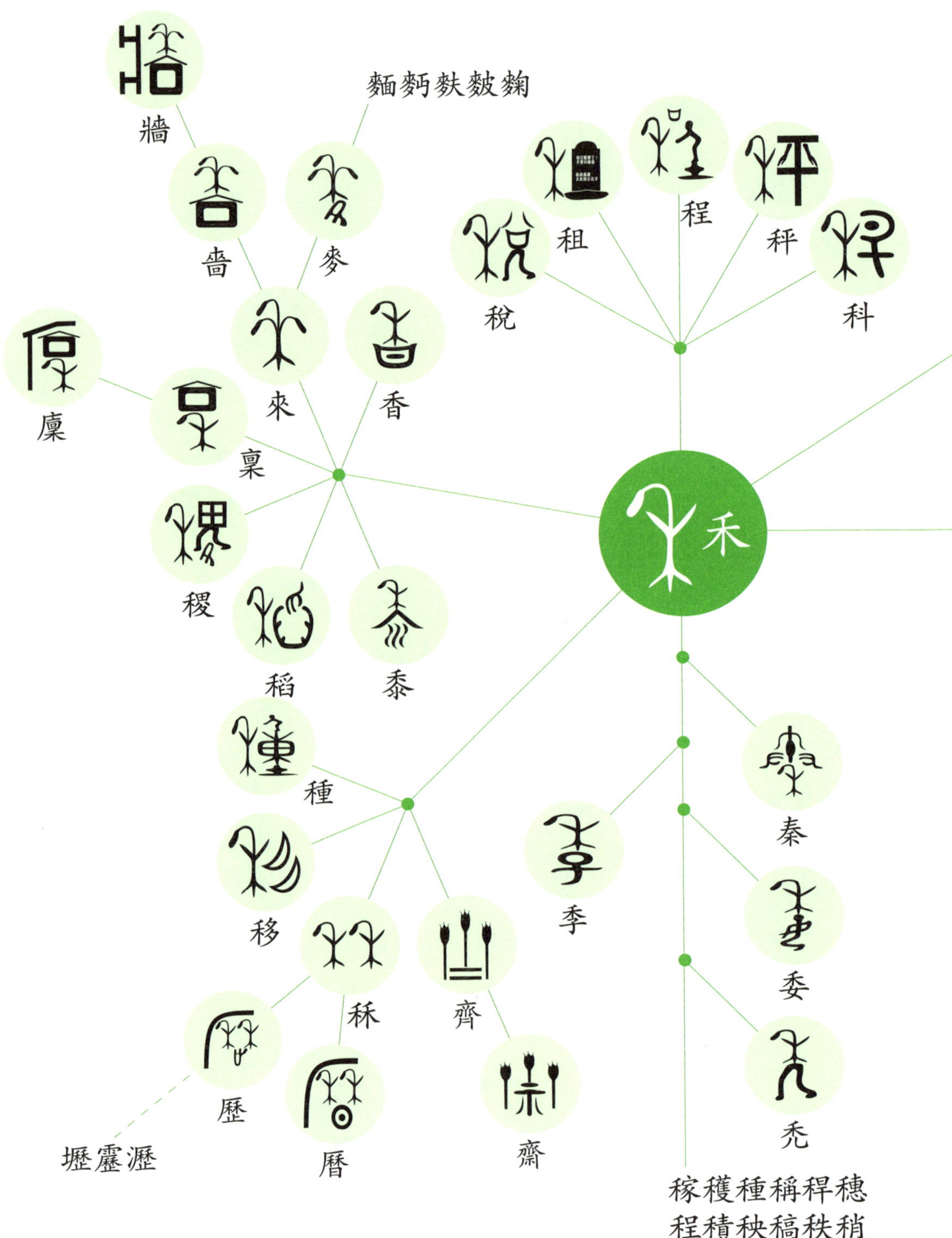

牆
麵麫麩麬麴
嗇
麥
租
程
秤
稅
科
廩
來
香
稟
禾
稷
稻
黍
種
秦
季
移
委
秝
齊
歷
秃
曆
齋
壢靂瀝
稼穫種稱稈穗
程積秧稿秩稍

“禾”的衍生字

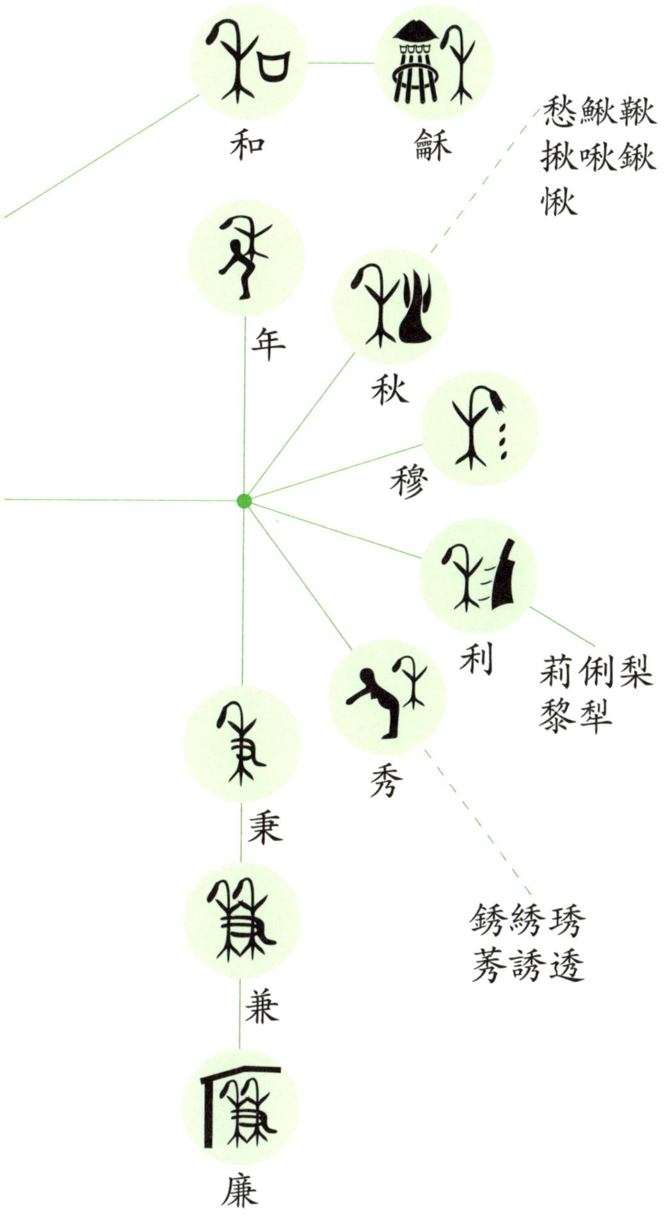

和

龢

愁鰍鞦
揪啾鍬
愀

年

秋

穆

利

莉俐梨
黎犁

秀

秉

銹綉琇
莠誘透

兼

廉

黍稻稷麦

黍

shǔ

浸“入”（）“水”（）中就可变成酒的“禾”谷（）。

黍是一种小黄米，长时间浸泡在水里就会发酵成酒，是古代制酒的重要原料。由于黍耐寒、耐旱又耐贫瘠，很适合在中原地区栽种。考古发现河北磁山新石器遗址就已存留黍的籽实，距今约九千年，可见种植年代久远。“黍”的甲骨文是一棵有根有枝叶的植物，另一个甲骨文则代表籽实落入水（）中，这是将黍米投入水中造酒的象形文。《吕氏春秋》里有一段关于黍酒的故事，话说春秋时期，楚国的大将军司马子反与晋军大战，口渴返回军营要水喝，随从竖阳谷为了讨好主人，竟然奉上“黍酒”，酷爱饮酒的司马子反欲罢不能，自然是喝得酩酊大醉，导致战败，最终遭到处死。《说文》：“黍可为酒，禾入水也。”

甲 金 篆

稻

dào

抓（）取“禾”谷（），然后放进“臼”（）中以捣出米粒。

金文呈现手抓稻穗放进臼中的符号，显示在商周以前就出现了以杵臼捣米的文化。

金 篆

一个人（，儿）的脚踩（，夂）在田（）里，辛勤耕种禾谷（）。

稷

jì

“稷”的古字、是由禾、田、人（或儿）、夂所组成的会意字，代表耕种禾谷。稷也是五谷的总称。周的祖先“后稷”顾名思义就是指导人民耕种五谷的首领。《孟子》说：“后稷教民稼穑。树艺五谷，五谷熟而民人育。”

麦穗。

來来

lái

甲骨文及金文表示有许多“麦穗”落在“禾”（）上；篆体则是调整笔顺后的结果。“来”的本义是结穗的小麦，因为周朝人相信麦穗是上天送来的礼物，所以引申为从远方到此，相关用词如来临、往来、回来等。《说文》：“来，周所受瑞麦来麰，一来二缝，象芒朿之形，天所来也。”在古代，小麦叫作“来”，大麦叫作“麰”，皆为上天所赐，因此《诗经》说：“贻我来麰。”

甲 金 篆

缓缓行（，夂）来的“麦穗”（，来）。

麥麦

mài

以“麦”为义符所衍生的字有麵（面）、麫（面）、麸、麰、麴（曲）等。《说文》：“麦，芒穀……，从来有穗者，从夂。臣铉等曰：‘夂，足也，周受瑞麦来麰，如行来，故

甲 金 篆

从夂。’” “麥”的简体字为“麦”。

香

xiāng

“甘”甜（）的“禾”谷（）。

煮熟的禾谷，在口里细细咀嚼后，便会产生一股香甜的味道。可惜，隶书将其中的“甘”讹变为“日”，以致失去了原意。以“香”为义符所衍生的形声字有馨、馥等。

篆

谷仓

稟禀

bǐng

储存“禾”谷（）的“粮仓”（，㐭）。

“㐭”是“稟”“廪”的本字，代表粮仓。“㐭”的甲骨文呈现屋顶与厚墙，另一种甲骨文则在屋顶上添加了防潮的透气盖。到了篆体则将左右两侧的厚墙改成四围环绕的“回”字形，于是形成了。商朝就出现大规模的粮仓，《史记》记载周文王打败商纣王，打开巨桥的粮仓以赈济灾民，赢得人民拥戴。“稟”本义为粮仓或发放粮食，引申为给予，相关用词如稟粮（供给粮食）、稟报、稟赋（上天给予的才能）。

金

篆

廩廪

lǐn

在“屋棚下”（厂）发放“粮仓”（亩）里的“禾”谷（禾）。

周朝掌管粮食赈济、公家配谷的官称为廪人。《国语》：“廪协出，……廪人献饩。”

嗇啬

sè

将“成熟的麦子”（来，来）送入“粮仓”（亩）。

“啬”引申为过分节俭、农事、粮仓，相关用词如吝啬、啬事。

甲 金 篆

牆墙

qiáng

粮仓（啬，啬）的“墙壁”（爿，爿）。

为了防止盗粮，粮仓的墙壁都是紧密厚实的。

金 篆

治理禾田

歷历

lì

“前往”（止）巡视并整理“河岸”（厂）边的“禾”苗（秝）。

古代先民围绕在黄河流域开垦农地，辛勤的农夫每天都会到田里巡视一番。甲骨文  表示

甲 金 篆

“前往”巡视并整理“禾田”（）。金文及篆体表示“前往”（）巡视并整理“河岸”（）边的“禾田”（）。“历”引申为巡遍、以往的（已走过的），相关用词如经历、历练、历史等。

“秝（历）”（lì）的金文及篆体以两棵排列整齐的“禾”苗（）来表示“禾场”或“禾田”。历（）表示“河岸”边的“禾田”。以“历”为声符所衍生的字有坜、历、雳、沥等。《说文》：“历，过也，传也。”“歷”的简体字为“历”。

種种

zhǒng

或zhòng。有“重”（）量的成熟“禾”谷（）。

唯有精壮的种子，才能生产出结实的下一代，因此，农夫挑选种子时，会在一堆麦子中找寻最饱满且最有重量的成熟谷粒。相关用词如种子、种植等。

移

yí

“禾”苗（）“多”（）则移植。

稠密生长的禾苗无法获得足够养分，难以结出成熟饱满的果实。农夫在苗圃上撒种后，发芽的禾苗会密集生长，这时必须把禾苗移植到田里，这个过程就是所谓的“插秧”。

齊 齐

qí

众多禾麦"齐"平地（）生长（）。

农夫必须控制禾谷的生长使它们依照整齐划一的步骤，才能取得最好的收成。从秧苗一直到吐穗，麦子的生长都维持着整齐的节奏。到了秋天收割的时候，每个稻穗几乎都是成熟的。"齊"的甲骨文与金文是描写三支同时吐穗的麦子，篆体添加了（二），在构字里，是相等长度的两笔画，具有相等的意义。整体而言，"齐"代表三支等长的麦子，引申为平整、整治完备，常用词如整齐、齐全、齐家等。《说文》："禾麦吐穗，上平也。"

甲 金 篆

齋 斋

zhāi

"齐"心（）向"神"（，示）祈祷。

金文篆体是由"齐"（）与"示"（）所构成的会意字，代表齐心向神祈祷。古人在重大祭祀之前，为了表示由衷的恭敬，通常会沐浴更衣、禁戒饮食、不行房等，这种刻苦己心的敬虔行为就是斋戒。中国早在商汤以前就有斋戒习俗，《韩诗外传》记载："汤乃斋戒静处，夙兴夜寐，吊死问疾，赦过赈穷。"到了周朝，斋戒更为频繁，斋戒活动由太宰负责，率百官警戒，天子甚至还有专属的斋戒处所，称为斋宫。每逢重大祭典或灾祸时，天子就会到此斋戒，如《墨子》记载："天子有疾病祸祟，必斋戒沐浴。"各种宗教几乎都实行斋戒，只是禁戒方式有所不

金 篆

同，如基督教、犹太教与伊斯兰教是采用禁食祷告来度过斋戒期，而佛教则是采用禁食酒肉的素食做法，无论如何，他们的目的都是为了表达全心全意的敬意。

收割禾谷

秉

bǐng

以“手”（ ）持“禾”（ ）。

收割时，农夫一手抓着稻禾，一手挥砍着镰刀。“秉”引申为执、持，相关用词如秉持、秉烛等。

兼

jiān

单“手”（ ）持“两禾”（ ）。

“兼”引申为同时取得或涉及两件事物，相关用词如兼备、兼并等。

廉

lián

可让人“单手取两禾”（ ，兼）的“店”家（ ，广）。

同样的价格，却能得到两倍的收获，的确是很划算。“廉”引申为便宜、不贪心等，相关用词如廉价、廉让等。“广”本义为屋棚下，在此代表“店”家门前的屋棚。

篆

利

lì

挥“刀”（ ）收割“禾”谷（ ）。

“利”的古字是快速收割禾谷的象形字，甲骨文 代表“手”握“刀”割取“土”上的“禾”谷，后来将手与土两符号省略，甲骨文 、 、金文 改成由“禾”与“勿”所组成，表示挥刀割取禾谷，篆体 则将“勿”改成“刀”。“利”的本义是挥刀收取禾谷，引申为锋利的刀、得到好处，相关用词如锐利、顺利、利益等。

甲 金 篆

秀

xiù

含着“饱满”稻穗（ ，乃）的“禾”（ ）草。

“乃”（ ）具有大肚子或饱满的含义，如“孕”的甲骨文 及篆体 描写一个挺着“大肚子的人”（ ）怀着一个儿“子”（ ）。

篆

穆

mù

饱满下垂的麦穗（ ，禾）。

金文 在麦“禾”（ ）的末端有一下垂的圆滚麦穗，麦穗周围有芒刺，其中， 代表一粒粒掉落的麦子。整体上表示许多成熟饱满而下垂的麦穗。古时宗庙制度，父居左为“昭”，子居右为“穆”，因此，儿子在父亲面前必须掩藏自己的光芒，显出安静恭谨的样子。“穆”引申义为谦卑恭敬，相关用词如肃穆、静穆等。

金 篆

“禾”谷（ ）成熟呈现如“火”（ ）的颜色。

秋

qiū

秋天到了，树叶渐渐变红了，田里的麦子也呈现一片金黄色的荣景，此番黄与红，不正是火的颜色吗？

一个人（ ）背着“禾”稛（ ），收割五谷回家储藏的季节。

年

nián

住在北方黄河流域的人，禾谷一年一熟，四季农耕生活，循着春耕、夏耘、秋收、冬藏的规律。“年”描写的就是冬天到了，赶快储存谷物以度过严寒的冬季。相关用词如年岁、年度等。

甲 金 篆

缴纳税租

必须缴纳若干“斗”数（ ）的“禾”谷（ ）。

科

kē

古代农民缴纳税租时，以“斗”为容量单位，一千“勺”（ ）为一“斗”（ ）。“科”的本义是依照法律进行课税，引申为缴税、衡量、分类、法律条文，相关用词如科税、科目等。

秤

chèng

测量"禾"谷（  ）重量的天"平"（ ）。

"秤"引申为测量重量的工具，如磅秤。周朝人用绳子量长度，秤重量则用权衡，就是现代人所称的天平，因权衡的原理在于"平"衡，所以后人又称之为"秤"。《礼记》："绳取其直，权衡取其平。"

程

chéng

将征得的"禾"谷（  ）一层层向上"呈"递（ ）。

人民缴纳禾谷以供养君王及各级官员，因此，地方所征得的禾谷必须向中央层层呈递，引申为按一定顺序进行的事务，相关用词如程序、路程、前程、课程等。

租

zū

借他人使用"祖"田（  ，且）以收取"禾"谷（  ）为报酬。

在构字里，"且"是"祖"的本字，包含"且"的字都具有祖先的含义。

租 篆

税税

shuì

"兑"现（  ）所应缴的"禾"谷（  ），相关用词如所得税。

相传夏商周时期，实施十一而税，也就是十分之一的所得税率。成周时期所实施的"彻法"

税 篆

可以说是井田制度下的十一税法。《春秋谷梁传》："古者税什一。"《春秋繁露》："十一而税。"《春秋公羊传》："什一者天下之中正也。"

用禾秆吹出美妙乐音

龢

hé

由许多长短不一的"禾"秆（ ），便能组成音色和谐的"编管乐器"（ ，龠）。

"龢"引申义为调和、和谐的。《说文》："龢，调也。"《广韵》："龢，谐也，合也。"《左传》："如乐之龢。""龢"与"和"是两个具有相同意义及发音的异体字，"和"也是"龢"的简写，两者通用。

金

篆

和

hé

"口"（ ）吹"禾"秆（ ）所组成的编管乐器。

古人将数支长短不一的禾秆排列在一起，组成编管乐器，能发出和谐悦耳的声音，因此，古人借此联想，不同的人或物若能像此乐器一样，便能和谐相处，相关用词如调和、和谐、和平等。

金

篆

以禾草养马

两只手（𦥑，廾）拿“禾”（ ）草喂养“马匹”（ ，午），养马的人。

秦

qín

西周时期，秦非子（原名赵非子）善于养马，无论是马匹的繁殖、调养、训练及疾病防治等都有专精，把周朝王室庞大的马群照料得极为精壮，于是受封于秦地，成为秦国的开国君主。秦的构字本义，指的就是“养马人”。甲骨文 、金文 及篆体 代表“两只手”拿“禾”（ ）草喂养“马匹”（ ，午）。篆体 则是调整笔画的结果。《论衡》：“午、马也。”《史记》：“非子居犬丘，好马及畜，善养息之。犬丘人言之周孝王，孝王召使主马于汧渭之间，马大蕃息。……邑之秦，使复续嬴氏祀，号曰秦嬴。”

甲

金

篆

人与禾的联想

委、秃、季这些字是以“禾”为修饰符号，用来形容女人、男人及孩子。

“女”（ ）子的头低垂如稻穗（ ，禾）一般。

委

wěi

人的头何时会像稻穗一样低垂呢？通常是表示顺从、受了委屈或拜托他人的时候，所以

“委”引申为曲折、勉强顺从、拜托，相关用词如委屈、委婉、委托等。

秃 秃

tū

头发稀疏如“禾”（）苗的“人”（）。

篆

季

jì

孩“子”（）幼小如“禾”苗（）。

“季”引申为最年轻、最末。古人以孟、仲、季来表示三兄弟的排序，但若为四兄弟，则以伯、仲、叔、季排序，无论怎么排，季都是代表最年幼的。

甲

金

篆

“束”的衍生字

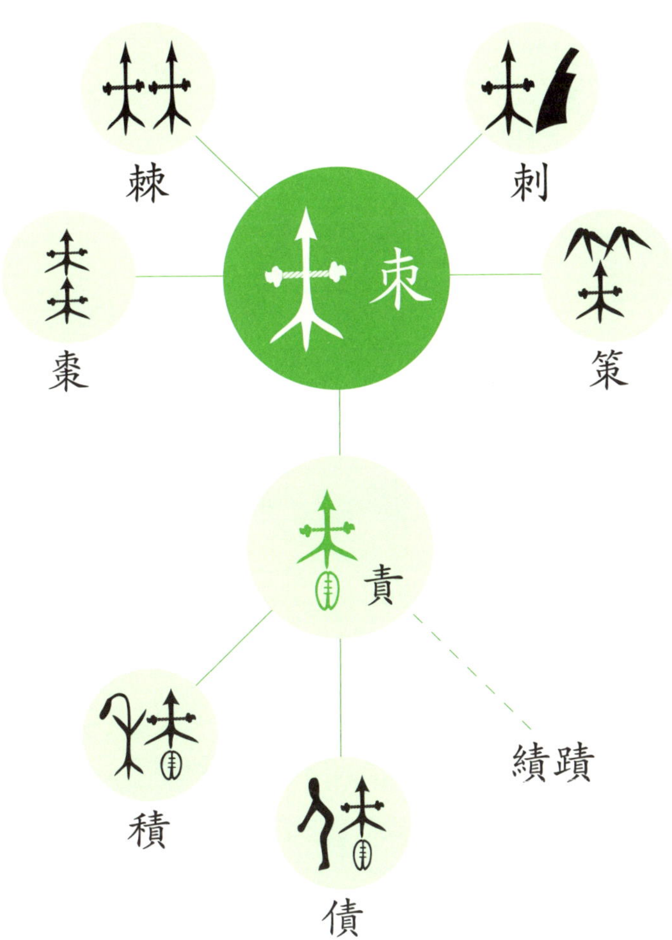

束

cì

一捆（⊷）有尖刺的植物（木）。

“束”是“刺”的本字。古人造字常以两头结扎的符号“⊢⊣”来表达捆绑的概念，如“帚”（帚）是用来打扫的一捆植物。

甲 金 篆

刺

cì

一捆有尖“刺”的植物（束，束），像“刀”（刀）一样伤人。

在“刺”的构字里，“刀”是修饰符号，是用来形容“束”的伤人特性。

篆

棘

jí

一大丛有“刺”（束，束）的植物，荆棘灌木。

造字者以并列的两个“束”来表达一大丛的意义。

篆

棗 枣

zǎo

高大而有芒“刺”（束，束）的果树。

高大的枣树，枝干有刺，能结出许多枣子。造字者以垂直重叠的“束”来表达高大的意义。《孟子·尽心》提到曾子的父亲曾皙爱吃羊枣，那是一种长得像羊粪的酸涩小枣子，当曾

金 篆

皙过世之后，曾子见了羊枣便想起父亲，因而不忍吃羊枣。公孙丑问孟子说：“烤肉和羊枣，哪一种好吃呢？”孟子说：“当然是烤肉好吃啰！”“但羊枣是曾子父亲的雅好，曾子避吃是为了表示对父亲的尊敬。”

策

cè

有“尖刺”（朿）的“竹”（竹）制马鞭。

“策”引申为驾驭、督促或鼓动，相关用词如鞭策、策划等。《礼·曲礼》：“君车将驾，则仆执策立于马前。”

責 责

zé

手拿有刺的荆棘条（朿，朿），要求他人还“钱”（贝，贝）。

“责”是“债”的本字，本义是讨钱，引申为索取、要求、处罚、应尽义务，相关用词如责求、责备、责罚、责任等。荆棘（牡荆）条是古代责打学生的枝条，这是对犯错者的惩罚，因此，荆棘条象征处罚。战国时代有一则“负荆请罪”的故事，描写廉颇为了表示认罪悔改，于是袒露上身，背负荆棘条，亲自来到蔺相如的家门前，请求责罚。

甲 金 篆

債债

zhài

手拿有刺的荆棘条（朿，朿），向“人”（亻）讨“钱”（貝，贝）。

篆

積积

jī

长期累欠“禾”谷（禾）的“债”务（責）。佃农应缴给地主的禾谷，因长年收成不好而累欠了许多债务。“积”引申为长久累聚、堆聚，相关用词如累积、积欠、积存等。

篆

“帚”的衍生字

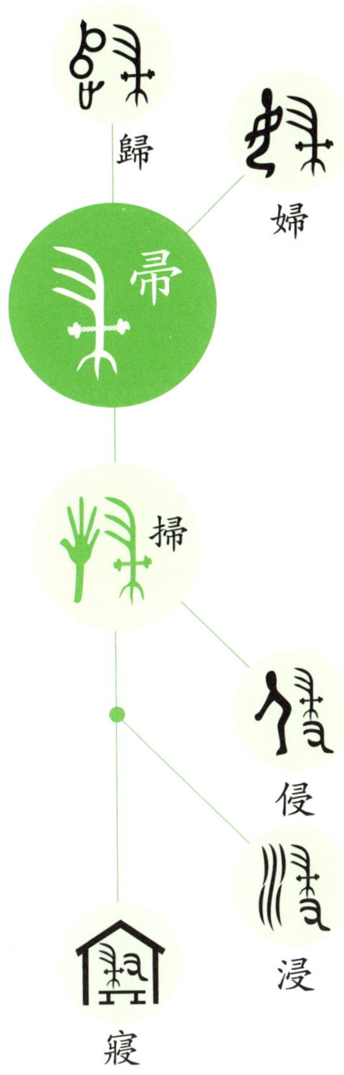

相传古代杜康（又名少康）除了善于制酒，也发明了扫帚与畚箕。杜康将几枝长满枝条的草扎成一捆，就成为最简单的扫帚。“帚”的甲骨文 是一枝可用来扫地的植物，上为枝叶，下为根；金文 及篆体 在中间添加了束绑的符号，表示将数支植物绑成一束。古人用马帚草来制作扫帚，《大戴礼记》记载：“荓也者，马帚也。”马帚草除了被用来制作马刷、扫帚之外，还被当作中药。

埽扫

sǎo

“手”（ ）持扫“帚”（ ）清除垃圾。

“埽”的简体字为“扫”。

篆

浸

jìn

“手”（ ，又）持扫“帚”（ ）蘸“水”（ ）扫地。

远在周朝，古人就知道一个打扫诀窍，先将扫帚蘸水后再扫地，灰尘才不会满天飞。《礼记》说：“洒扫室堂及庭。”

篆

婦妇

fù

手持“扫帚”（ ）的“女”人（ ）。

甲骨文 、金文 及篆体 都是由“女”“帚”所组成的会意字。“妇”本义为洒扫的女人，引申为已婚的女人或掌管家务的

甲

金

篆

人，相关用词如主妇、妇孺等。

歸归

guī

女人拿起扫“帚”（ ），“追”随（ ）着丈夫的“脚步”（ ）。

古代女子在出嫁前住在父母家中，但那不是她真正的家，日后所嫁的夫家才是真正的归属。因此，古时称女子出嫁为“归”，就是说她回到属于自己的家。

甲 金 篆

侵

qīn

“手”（ ，又）持扫“帚”（ ）驱赶进犯的“人”（ ）。

甲骨文 表示手（ ）持扫帚（ ）驱赶一只牛（ ）。金文 及篆体 则描写以扫帚驱赶进犯的人。在古代，男人出门在外工作，歹徒趁机侵入民宅，妇女只好拿着扫帚来自卫。“侵”引申为进犯他人的领域，相关用词如侵略、侵犯、侵占等。

甲 金 篆

第四章

绳索

汉字里与绳索有关的最重要两个符号就是“糸”与“己”。“糸”代表一条两股交缠的绳子，“己”则代表一条弯曲的绳子。

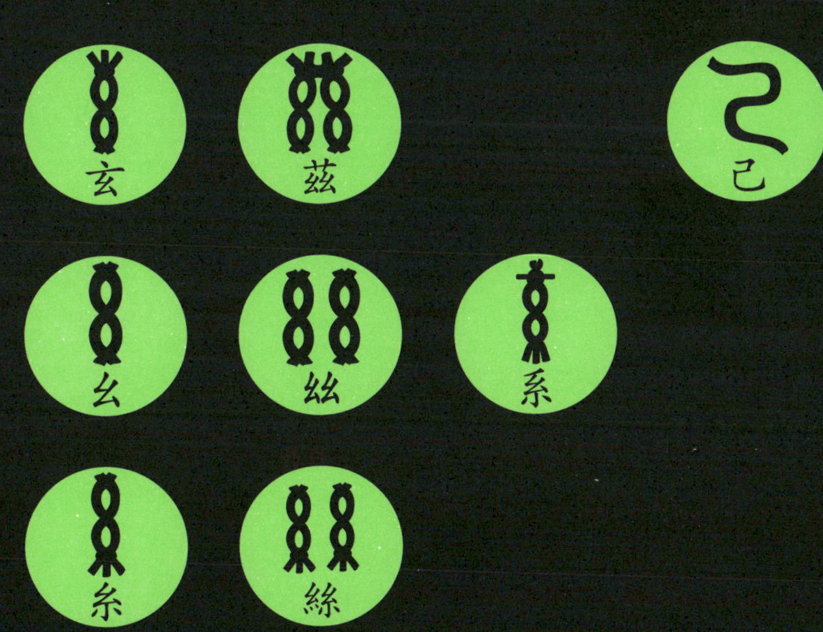
玄
兹
己
幺
丝
系
糸
絲

“糸”两股交缠的绳子

古人制作草绳时，先打个结当作绳头，再将它套在固定杆上，接着一边递补草秆，一边扭转、交缠，草绳于是一节节地延伸出去。当长度足够之后，便在尾端打个结，一条绳索就完成了。

甲骨文 、金文 代表两股交缠的绳子，不但有头结，也有尾结。就构字符号而言，玄、幺、糸三者正好代表绳子的三个部位。玄（ ）是带有头结的绳子，因为制绳时都是由绳头牵引出一条长绳，所以“玄”具有源头、牵引的意义。幺（ ）是绳子的中段，也是最细长的部位，制作时必须不断地将许多草秆衔接起来，所以“幺”具有细长、连接不断的构字意义。糸（ ）是带有尾结的绳子，用来表示一条绳子。

示意图	楷体	代表部位	引申意义	衍生的常用汉字
	玄	前段（包含头结）	从源头牵引而出	牽率畜蓄弦
	幺	中段（绳身）	接连不断	幻麼幼後奚亂辭
	糸	后段（包含尾结）	一条绳子	維綱網紀約紐糾緊素絕繼綴繁
	系		绳子的一端绑在某物之上	縣係孫索繇

在汉字表达中，为了区分粗绳与细线，造字者将“幺、玄、糸”复写，于是产生了“丝、兹、丝”等具有“多、细”意义的符号。

现代汉字	示意图	引申意义	衍生的常用汉字
兹		从源头繁殖	孳慈關聯
丝		细微	幾幽鹽斷繼樂
絲		细线	䜌變彎鑾鸞孿巒顯濕

“玄”——从源头牵引而出

“玄”的甲骨文 是一个具有绳头却没有绳尾的绳子。“玄”的本义为绳头牵引着整条绳子，引申为事物的源头，如所谓的“玄古”即“远古”，代表历史的开端。《礼记》说：“万物本乎天。”天是万物的本源，所以“玄”又代表“天”，《释言》：“玄，天也。”篆体 是调整笔顺的结果。

畜

chù

或xù。以“绳索牵引”（ ，玄）动物到“田”（ ）里牧养。

新石器时代晚期，中国人开始驯养动物。被人驯养的动物都可以称为“畜”，西周时期将马、牛、羊、鸡、狗、猪合称为六畜。

甲

金

篆

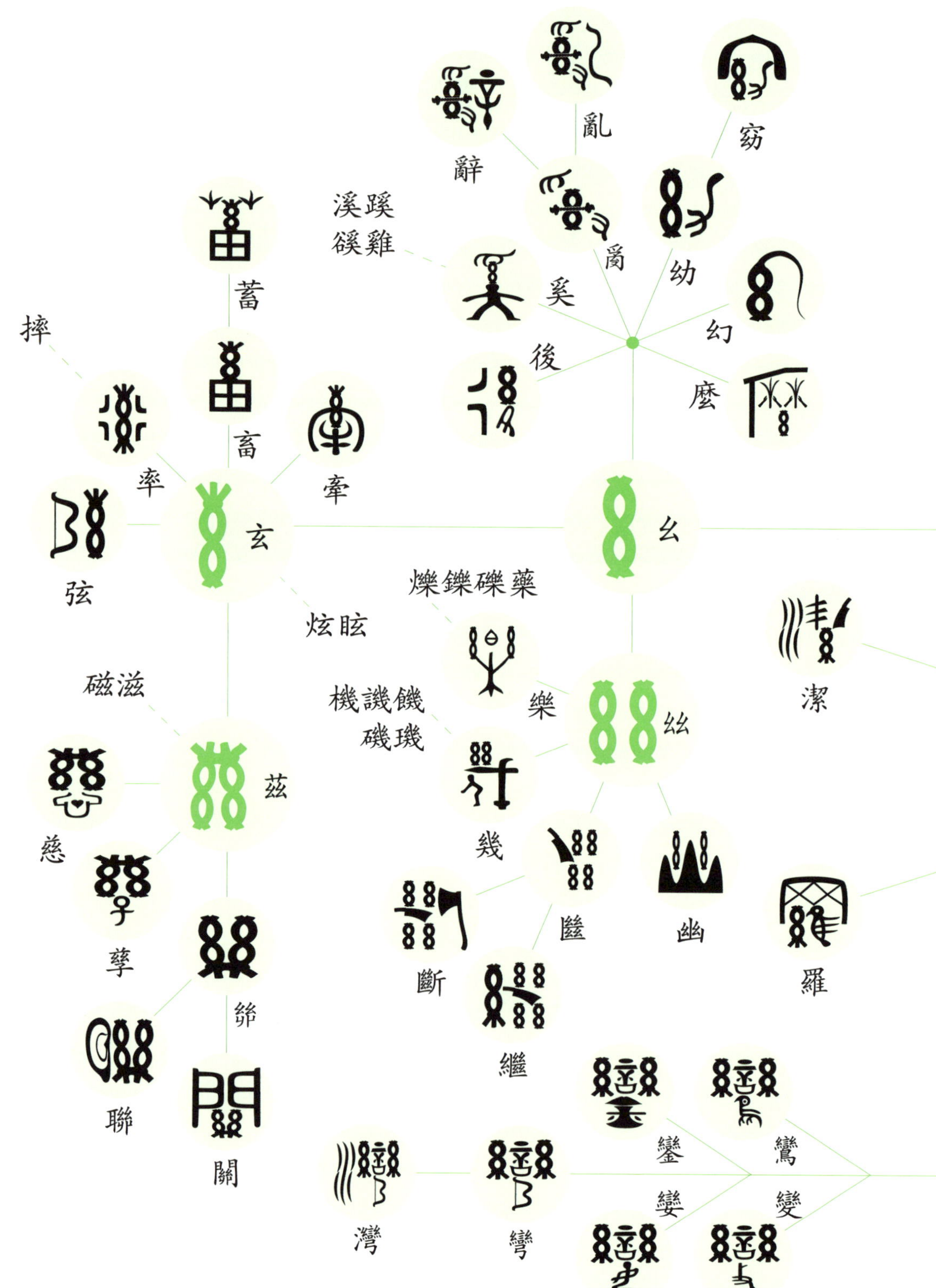
亂
窈
辭
溪蹊
徯雞
蓄
𤔔
幼
奚
捽
幻
後
麼
畜
率
牽
玄
幺
弦
爍鑠礫藥
炫眩
潔
磁滋
樂
機譏饑
磯璣
𢆶
茲
幾
慈
𢇍
幽
羅
孳
斷
繼
𢇇
聯
關
鑾
鸞
灣
彎
孌
變

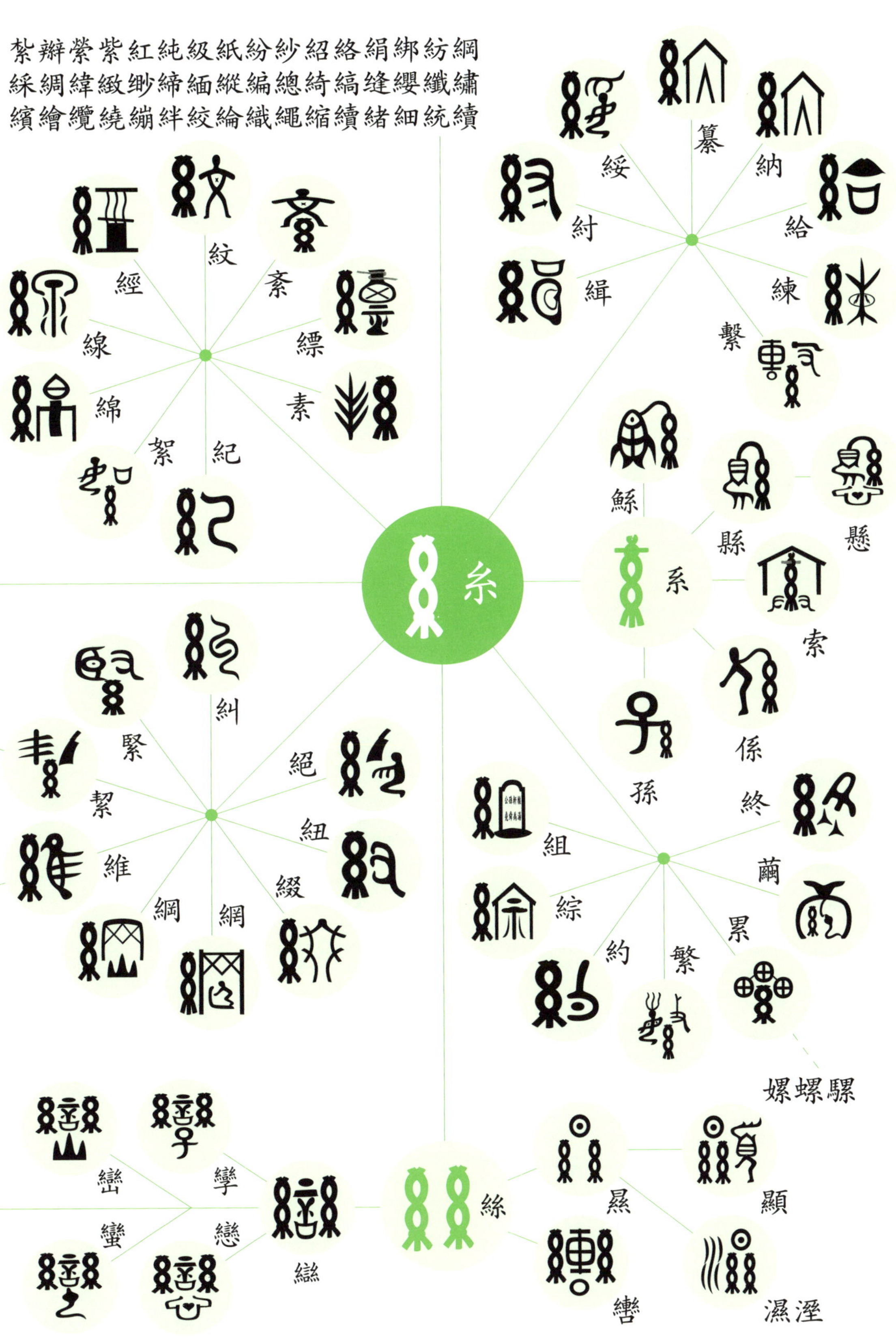
紮辮縈紫紅純級紙紛紗紹絡絹綁紡綱
綵綢緯緻緲締緬縱編總綺縞縫纓纖繡
繽繪纜繞繃絆絞綸織繩縮續緒細統績
紋
紊
經
縹
線
素
綿
絮
紀
纂
綏
納
紂
給
緝
練
繫
緐
縣
懸
系
索
係
孫
糾
緊
絕
絜
紐
維
綴
綱
網
終
組
繭
綜
累
約
繁
嫘螺騾
巒
孿
蠻
戀
䜌
絲
㬎
顯
轡
濕溼

蓄

xù

以“绳索牵引”（，玄）动物到“田”（）里吃草（）。

古人将猎捕的动物放牧到田野里，养到肥壮后再宰杀食用，所以“蓄”引申为积存，相关用词如储蓄、积蓄等。

篆

牽牵

qiān

以“绳索牵引”着（，玄）一头“牛”（）进“牛栏”（）。

黄昏时，牧童们准备将牛牵回家。“牵”是由“玄”与“牢”所组成的会意字，代表拉牛进入牛栏。“牢”的甲骨文、意思为牛栏。

篆

弦

xián

以“丝绳牵引”（，玄）着“弓”（）的两端。

古人如何安装弓弦呢？《韩非子》说道：“夫工人张弓也，伏檠三旬而蹈弦。”大意是说，张弓的工人，先把弯好弧度的弓放在固定弓的器具里，等待三十天，一直到弓定型之后，再脚踏着弓将弦装上。弦本是指拉弓的丝线，后来也指琴弦。相传，舜发明五弦琴，《礼记》记载：“昔者，舜作五弦之琴以歌南风。”

篆

"幺"——接连不断的长绳

"幺"的甲骨文、金文代表一条接连不断的绳子，引申为接连不断、细长。

幻

huàn

"长长的细绳线"（ ）悬宕在空中，虚无缥缈。

如何表达似有若无的感觉呢？金文以一条极为细小的丝线来表达。中国古代治丝技术极为发达，马王堆出土两千年前的素纱禅衣，都是用极细的透明蚕丝所制成。偌大的一件衣服（面积2.6平方米），重量只有49克，可说是薄如蝉翼、轻若烟雾。像这样一条纤细又透明的蚕丝，悬宕在空中，所产生的虚无缥缈感觉，正是"幻"的写照。相关用词如虚幻、幻想、幻灭等。

金

篆

麼么

me

或má。**从"麻"（ ）中"接连不断地抽出细长的纤维"（ ，幺）。**

相关用词如多么、这么等。《玉篇》："么，细小。"

幼

yòu

编织“长绳”（，幺）所需要的“力”量（）。

“幼”引申为微小，相关用词如年幼、幼童、幼稚等。

甲 篆

乿

luàn

“两只手”（）在解开一“捆”（）交缠的“长丝绳”（，幺）。

金 篆

亂乱

luàn

“两只手”（）在解开一“捆”（）蜿蜒交缠（）的“长丝绳”（，幺）。

篆体在旁边添加了一条弯曲的线条，借以强调绳子的蜿蜒交缠。“乱”的本义是整理一大捆乱七八糟的绳子，引申为混淆不清、任意地，相关用词如混乱、凌乱等。

篆

辭辞

cí

嫌犯（，辛）努力交代一桩交缠不清的案件（，乿）。

春秋时代，郑国宰相子产善于审理诉讼案件，他先将原告被告分离讯问，然后再反述对方供词交互诘问，让两方说出真相。在面对诸多错综复杂的疑点时，嫌犯必须要能将这些疑点解释得清清楚

篆

楚才能全身而退。《韩非子》记载："有相与讼者，子产离之而无使得通辞，倒其言以告而知之。""辞"的本义为嫌犯的诉讼言词，由于嫌犯总是会想办法脱罪，因此引申为脱离、复杂的言词，相关用词如辞职、辞藻等。

奚

xī

主人"抓"（，爪）着一位被"长绳子捆索"（，幺）的"人"（，大）。

甲骨文是一个人头上有"绳索"且双手被反绑的象形文，金文表示一个人的头上绑着连环的锁链（），锁链另一端被一只"手"拉着，这是描写古代奴隶的头颈被锁链或绳索绑缚着的景象。殷商时期俘虏大量外族充当奴隶，颈项上的锁链是为了不让奴隶逃脱又能腾出双手服劳役的方法。"奚"的本义是奴隶或仆役，引申为遭人讥笑、为何，相关用词如奚落等。以奚（xī）为声符所衍生的常用字有溪、蹊、雞（鸡）等。

甲

金

篆

王莽为了实施货币改革，颁布诏令，凡盗铸钱币者，五家连坐（左右邻舍都要一起受罚），全数被抓去充当官府奴婢，押解途中，男子被关在有栅栏的囚车内，儿女跟在后面步行，颈项上系着铁链，一路押解到掌管铸造钱币的官府那里受审判，总数约有十万人之多。到场时，夫妇被强迫更换，其中六七万人因愁苦而死亡。这就是《汉书·王莽传》所记载的："民犯铸钱，伍人相坐，没入为官奴婢。其男子槛车，儿女子步，以铁锁琅当其颈，传诣钟官，以十万数。

到者易其夫妇，愁苦死者什六七。”

8的长绳概念，也被用来表示接连不断的长队伍，如後、率都具有这种构字概念。当所有的押解犯人被一条长绳索牵引时，“率”指的是带头的人，而“後”则是队伍中殿后的人。

率

shuài

或lǜ。以一条“长绳索”牵引（8）着一群犯人在路上“行”走（行）。

“率”像是押解囚犯的差役，走在队伍前头用绳子拉着一群囚犯，引申为带领，相关用词如率领。金文及篆体除了有绳索符号外，还加了一个“行”的符号，代表在路上行走。

甲 金 篆

後后

hòu

在行进队伍末端缓步前行。

金文及篆体表示被押解的犯人在长绳队伍（8，幺）的末端缓步行走（夂，夂）在路上（彳，彳）。8表示紧紧相连的绳索。后的相关用词如落后、退后、后代等。“後”的简体字为“后”。

金 篆

"糸"——绳索

各色各样的绳子

素

sù

将植物（艸）纤维编织成丝线（糸，系），也就是生丝。

"素"是未染色以前的丝线，引申为原来的颜色、天然未加工的，相关用词如素色、朴素、元素等。缥是指将丝绳染色，纹是指丝绳上的色彩，而紊则是指混杂在一起的各色丝绳。

金 篆

經经

jīng

织布机上垂直排列的（巠，巠）一条条纺线（糸，糸）。

河姆渡文化留下古代腰机的遗物，这是很早期的织布文明。所谓腰机就是套在腰上操作的织布机。巠（巠）是描写一种最原始的织布方式。织布机上的垂直线称为经线，水平线称为纬线，经纬交错便能编织成一匹布。织布机上有三支横杆，上下两支固定横杆是用来安置一条条的垂直纺线，中间的活动横杆是用来将一条条水平纺线压齐。织布机的下半段是已织好的布。

金 篆

線线

xiàn

一条条光滑洁白的细丝绳（糸，糸）如流泻的泉水（泉）。

山泉水顺着岩石倾泻而下时，一丝丝、一缕缕光亮洁白的水线格外细致整齐，宛若一条条的丝线。同样地，将一捆白色细线摊垂开来，也可以做出山泉流泻的效果。

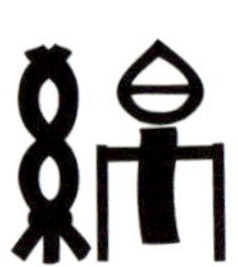

綿 绵

mián

从白布巾（，帛）抽取出来的细丝线（，糸）。

本义为细软的丝线，引申为延续不断，相关用词如丝绵、绵延等。

（篆）

絮

xù

如（）同“丝绳”（，糸）一般的纤维物。

古人称粗棉为絮。棉与絮都是可制成衣物的柔软丝线。

（篆）

编织

綴 缀

zhuì

针线（，糸）在衣服上（）来回穿梭（）。

引申为缝合、衣边的装饰，相关用词如连缀、点缀等。

（篆）

叕

zhuó

针线在衣服上（）来回穿梭（）。

“叕”是“缀”的本字。《说文》：“叕，缀连也。”畷（）意表田与田之间相连接的道路。辍（），中断。《说文》：“辍，车小缺复合者。”

（篆）

網网

wǎng

以丝绳（，糸）制成网子（，网）以捕捉逃亡（）者。

維维

wéi

用以捕捉鸟类（，隹）的绳子（，糸）。

相关用词如纤维、维系。

羅罗

luó

张开以丝绳（，糸）制成的网子（，网）来捕鸟（，隹）。

相关用词如网罗、张罗、罗列等。

制绳

紐纽

niǔ

以手扭转（，丑）线绳（，糸）。

这是古代制作线或绳的过程。

緊紧

jǐn

善于做事的人（，臤）制作绳索（，糸），牢固且密合。

金

篆

用绳子绑人

綏绥

suí

以绳子（，糸）捆扎“妥”（）当。

引申为安定、安抚，相关用词如绥靖、绥安等。

篆

紂纣

zhòu

手（，寸）被绳子（，糸）捆绑的罪犯。

篆体代表手肘（）被绳子（）捆绑，另一个篆体代表手腕（，寸）被绳子（）捆绑。整体而言，“纣”象征一个应受

篆

捆绑的人。“双手捆绑”是罪犯被押解受审的象征，用此象征商纣王，是因为他犯了许多重大罪状，是周武王伐纣时，首要缉拿的对象。《史记》记载，商纣骄傲蛮横，好酒淫乐，宠信妲己，大肆建造高大华丽的鹿台，过着极度奢华宴乐的生活。商纣生性凶残，发明了各种酷刑来残害忠良，连自己的叔父比干都被他剖心挖肺。总之，在太史公司马迁的心目中，商纣王可以说是恶贯满盈！

緝缉

jī

因他人“告密”（，咠）而被捉拿“捆绑”（，糸）。

引申为捉拿，相关用词如追缉、通缉等。“缉”与“报”有相近的构字概念，请参见“报”。

用绳子绑物品

繫系

xì

用“绳子”（，糸）将“长棍武器”（，殳）绑在战“车”（）“端子”（）上。

“殳”是古代的长棍武器，在战争中，“殳”常会被绑在战车前端，用于冲撞敌阵。“系”，引申为紧紧绑住，相关用词如系鞋带、联系等。“軎”的金文代表车上可绑器物的端子，相关衍生字有繫、轚、轊等。

篆

轡 辔

pèi

系在马"车"（車）"端子"（○）上的绳子（糸）。

金文代表拉"车"的"绳子"，后来引申为马缰绳，即车夫用来控制马匹的绳子。

金 篆

納 纳

nà

将物品以"绳子"（糸，系）打包再送进屋"内"（内）。

"纳"引申为收藏、引入，相关用词如收纳、采纳、纳贡等。

篆

給 给

gěi

或jǐ。将礼物盖"合"（合）后，再以"丝绳"（糸，系）绑起来。

篆

絜

jié

将许多"木契"（韧，韧）分类"捆绑"（糸，系）。

木契是交易纪录或凭证，必须要分类捆绑以收藏，所以"絜"引申为整齐、束紧。"絜"是"潔（洁）"的本字，如《诗经》"絜(洁)尔牛羊。"《易经》："齐也者，言万物之絜(洁)齐也。"《广雅》："絜，束也。"《通俗文》："束缚谓之絜。"

篆

潔洁

jié

用“水”（ ）使环境变得干净整齐（ ，絜）。古人利用麻绳的粗纤维来刷洗污物，今人则用菜瓜布。

篆

以刀断绳

絕绝

jué

“巴”人（ ）持“刀”（ ）断绳（ ，糸）。篆体代表令奴仆（ ， ）持刀（ ）断绳（ ）。秦汉时期，巴国被攻陷，巴人因此成为秦汉王朝的奴隶，于是隶书将卩（奴仆）改成巴，这种文字变革也发生在肥、色等字。“绝”的本义是将绳子砍断，引申为断开、中止，相关用词如断绝、绝食等。

篆

用绳子来表示约束或联结

約约

yuē

以绳子（ ，糸）及“勺”（ ）子来限定每人应得的分量。

古代人在进行土地或食物分配时，总少不了绳子与勺子，因为绳子及勺子分别是量长度及容量的用具。“约”以这两个用具来诠释管制、限定、大概等意涵，相关用词如约束、约定、节约、大约等。

篆

組组

zǔ

将具有同一个“祖”先（，且）的民族“联结”（，糸）在一起。

自古以来，具有相同血缘的人，彼此之间总是最能亲近，因此，古人便借着祭祖活动，将相同血缘的人聚集在一起，以达到团结氏族的目的。

金 篆

“组”的金文代表一只“手”拿着“绳子”将相同“祖”先的人绑在一起，篆体将手省略。“组”引申为把性质相近的人和事物联结在一起，相关用词如组合、组织等。“且”是“祖”的古字。古人认为天地是万物的源头，而祖先是人类的源头，所以祭祀天地的时候，也搭配着祭祀祖先。《礼记》：“万物本乎天，人本乎祖，此所以配上帝也。”

綜综

zōng

zèng。**借着“宗”庙（）祭祀，将各族群的人民“联结”（，糸）在一起。**

篆

“综”引申为将许多人事物有系统地总合在一起，相关用词如综合、综理、综观等。

表示发辫

繁

fán

“手持梳子”（，攴）将“母亲的头发”（，每）梳理之后，再结成“辫子”（，糸）。

篆

“繁”的本义为结扎成繁复的辫子，引申为多、杂的意思，相关用词如繁多、繁杂、繁荣等。

表示蚕丝

繭 茧

jiǎn

蚕（虫）吐丝（系）结茧（）黏挂在树枝上。

蚕吐丝结茧，逐步由外往内将自己包在里头。《淮南子》："茧之性为丝，然非得工女煮以热汤而抽其统纪，则不能成丝。"

篆

表示连接不断

累

lěi

或léi，或lèi。一连串的隆隆雷声（），好像绳子（系）相连一般。

"累"引申为连接不断，相关用词如累犯、累积、连累等。金文、、都是代表连连的雷声。

金

篆

"系"——用绳子牵系着某物

"系"的甲骨文、金文是一只手提着数条绳子的象形文，这是描写将许多物品有次序地绑成一串串，篆体将它简化成，代表将绳子绑在某物之上。"系"引申为将相关联的事物绑成一串，相关用如系统、世系、星系等。

係系

xì

或訁。在人与“人”（亻）之间，有一条“绳子牵系”（糸，系）着。

甲骨文、代表在人的脖子系上了一条丝绳。古代押解犯人时，将一干罪犯的脖子用一条长绳子一个个套住，然后连接成一个长长的队伍。“係”的本义为绑缚，引申为人与人之间的关联性，相关用词如关系。

金 篆

縣县

xiàn

用“绳子牵系”（糸，系）着人头（首，首）倒吊起来，悬的本字。

“县”是描写古代县府将重大罪犯斩首之后，将首级悬挂在衙门前以警戒百姓的习俗。金文及篆体都表示以绳索（糸）将人头（首）倒吊在树（木）上，篆体縣则将树木省略。“县”引申为有权审判罪犯的地方政府，相关用词如县政府、县令、县城等。“縣”的简体字为“县”。

金 篆

懸悬

xuán

一颗心（心，忄）被倒挂（縣，县）起来。

相关用词如悬挂、悬念等。

索

suǒ

系绳（，系）在屋子（，宀）的横杆上，然后编制绳子。

金文是屋内有两只手在编织绳索的象形文。古人制作绳索，先制作绳头，再将它系在屋檐的窗杆上，再逐步编织出一条长长的绳子。后来又发明了绞绳的工具，将绳头套在绞绳器的十字杆上，一人负责以手转动绞绳器，另一人则左手抓着绳子，右手不断递补材料以便将绳子一节节地延伸出去。

金

篆

孫孙

sūn

代代牵连（，系）的孩“子”（）。

甲骨文及金文是由“子”及“糸”所构成，糸（）是一长串交缠的脐带或丝绳，表示延续不断，因此，孙具有“子女的子女”的意义；篆体将糸改成“系”（，系绳）。“孙”的相关用词如子孙、外孙等。《说文》：“子之子曰孙，从子从系，系续也。”“孫”的简体字为“孙”，小子。

金

金

篆

鯀鲧

gǔn

用“绳子牵拉”（，系）着一条大“鱼”（）。

在尧当政时期，洪水泛滥，尧派鲧去治理洪水，他采用围堵方式，结果造成洪水更加泛滥，最后遭到处死。尧当初为何会任用鲧来治水呢？可见鲧是个熟知水性的人，就其名字而言，金文

金

篆

是一条鱼的嘴巴连着一条线，金文描写一只手拉着一条绳子，绳子末端又拉着一条鱼，可见鲧是个钓鱼高手，虽然目前残缺的先秦典籍找不到鲧与捕鱼有关的任何记载，但古文字却明显地呈现这段历史。

“兹”——一条条绳子从绳头牵引而出

古人利用农闲时期制作绳子，这时候可以看见好几组人马同时制作绳子的情景，甲骨文、金文是两条并行而出的绳子，篆体添加了绳头，代表一条条绳子从绳头牵引而出。“兹”引申为从此处、增加、繁衍，相关用词如念兹在兹、兹（滋）长等。

孳

zī

孩子（）像一条条绳子从绳头牵引而出（，兹）。

“孳”的本义为繁殖子女，相关用词如孳生、孳息等。

（篆）

慈

cí

繁殖（，兹）子女的“心”（，忄）。

父母生育儿女，除了要忍受生产之痛，还要耗尽心力去喂养并教育他们，这一切都出于爱。慈者，爱也。相关用词如慈爱、慈悲等。

（金）

（篆）

将两条绳子的末端打结。

“丱”与“兹”是上下对称的两个字，兹是在两绳头打结，而丱则是在绳尾打结，前者引申为繁殖，后者则引申为联结。

丱

guān

将“两扇门”（門）上的绳索打结（丱，丱）。

金文及篆体在“门”之下描写两条打结的绳子，另一个篆体则将两绳末端打成一个结，使它们连接在一起。由此可知，“关”是一个用绳索系紧两扇门的象形文，引申为闭合、联结，相关用词如关闭、关联等。

關关

guān

金 篆

将许多只“耳”朵（）以丝线串联在一起，接着在丝线的两端打结（丱，丱）。

古代战士将敌人耳朵割下来，然后以丝线将它们串联起来，接着在丝线的两端打结，等到战役结束后便可依此论功行赏。甲骨文是绳线系在耳朵上的象形文，篆体代表将许多只“耳”朵以“丝”（）线串联在一起。隶书将“丝”改成“丱”，代表将一条丝绳的两端打结。“联”引申为将有关的事物连接在一起，相关用词如联结、联合、对联等。“聯”的简体字为“联”。

聯联

lián

甲 篆

“幺”——许多条细线

“幺”甲骨文、是两条并列的绳子，用以表示许多条细小的绳子，引申出细微的构字意义。

樂 乐

lè

或yuè。以“大拇指”（，白）拨弄绑在“木”头上的细丝线（，幺）。

“乐”的本义是拨弄丝弦乐器，引申为欢喜，相关用词如音乐、快乐等。

甲 金 篆

幾 几

jǐ

或jī。“防守”（，戍）能力如“细丝线”（，幺）般微弱。

“几”是描写防守阵线快要被攻破的景况，因而引申为即将要、还要多久、微少，相关用词如几乎、几许等。《说文》：“几，微也、殆也。”《尔雅·释诂》：“几，危也。”

金 篆

幽

yōu

在“山”（）里看“丝线”（，幺）。

引申为阴暗的、不清楚的、隐藏的，相关用词如幽暗、幽居等。幽与显二字呈现构字意义的对比，显代表在日光下看丝线，看得一清二楚（请参见“显”）。

甲 金 篆

以“刀”（）断“线”（，丝）。这是“断”的古字。

甲骨文在丝线上划条横线，代表将线切断，金文则在丝线断裂处加上一把“刀”（），代表以刀断线。

㡭

duàn

甲 金 篆

用“斧头”（，斤）将某物砍“断”（，㡭）。

斷 断

duàn

篆

将“断线”（，㡭）以“绳线”（，系）接续起来。

繼 继

jì

篆

“丝”——细丝线或丝弦

“丝”的篆体代表一条回迭的细绳，两端是绳结。

太阳（，日）光照射下的细“丝”线（）。

《说文》：“从日中视丝，古文以为显字。”

㬎

xiǎn

篆

顯显

xiǎn

一个人（页）在太阳（日）光下看细“丝”线（）。

“幽”代表在深“山”里看不清楚“细丝线”，而“显”代表在阳光下，细丝线就看得一清二楚。“显”引申为清楚呈现，相关用词如显现、显然等。

金 篆

㬎湿

shī

或湿。在太阳（日）下将洗过“水”（）的“丝”线（）晒干。

洗干净的丝线挂在日光下晾干，水滴不断从丝线滑落下来，古人借此表达湿漉漉的意象。

甲 金 篆

丝弦乐器

䜌

luán

会“发出声音”（，言）的“丝”弦（）。

篆体、是由“丝、音”所组成的会意字，代表丝弦乐器所发出的声音，但金文、篆体则是由“丝、言”所组成，可见，音或言，在此都表示发出声音。本义为丝弦乐器，从此义的有變、彎等。引申义有二，其一为美妙的乐声，从此义的有鑾、鸞、孌等。又由于弦乐声音具有连绵不绝的特性，所以也引申为连绵不绝，从此义的有巒、攣、戀、蠻等。

金 篆

“手持工具”（攴，支，攵）调整“丝弦乐器”（䜌，䜌）。

變 变

biàn

演奏丝弦乐器之前，总要先调音。琴弦绷紧，声音就高亢，松弛则低沉。“变”就是调音的写照，引申为改变乐音。篆体是由“支”（手持工具）及“三条丝弦”所组成的象形字。其他篆体、则在丝弦之间添加了“言”，代表会发声的丝弦乐器。

篆

用几条会“发声的丝弦”（䜌，䜌）拉住“弓”（弓）的两端，使其弯曲。

彎 弯

wān

另一个篆体显示在弓之上有三条细线，这是古人以多条丝线拉弓的象形字。

篆

美妙声音

丝弦乐器的声音悦耳动听，令人陶醉，因此，在构字里，也被用来形容美妙的声音。

马车上的“金”属铃铛（金），行走时便发出如“丝弦乐器”（䜌，䜌）般的美妙声音。

luán

西周天子，衣襟上环吊玉佩，座车上环挂着铃铛，因此，走路时有玉佩相击的声音，行车时

金

篆

则发出铃铛的和音。“銮”（或称銮驾）是古代皇帝的座车，四周布有八个铃铛。起驾时，就会发出清脆悦耳的声音。《说文》：“人君乘车，四马镳，八銮铃，像鸾鸟声。”《礼记》：“天子者，……行步，则有环佩之声；升车，则有銮和之音。”

孌 娈

luán

声音如“丝弦乐器”（，䜌）般的美丽“女”子（）。

金

篆

鸞 鸾

luán

声音如“丝弦乐器”（，䜌）般的“鸟”（）。

凤凰、鸾鸟都是古代的神鸟，凤凰善于舞蹈，鸾鸟则精于歌唱。《说文》：“鸾，亦神灵之精也，赤色五采鸡形，鸣中五音，颂声作则至。”

篆

连绵不绝

丝弦乐器的特色是能产生连续不断的乐音，因此在构字里，也将它用来形容连绵的山丘或接连出生的孩子。

巒 峦

luán

连绵（緣）的“山”。

《康熙字典》：“山纡回绵连曰峦。”

篆

孿 孪

luán

接连（緣）而出的孩“子”。双生子。

篆

戀 恋

liàn

连绵（緣）的情意（心）。

蠻 蛮

mán

连绵不绝（緣）的虫蛇（虫）。

“蛮”引申为荒野无人烟之境，古代称南方荒山野地为南蛮，有许多虫蛇出没。《说文》：“南蛮蛇种。”

篆

“己”——一条弯曲的绳子

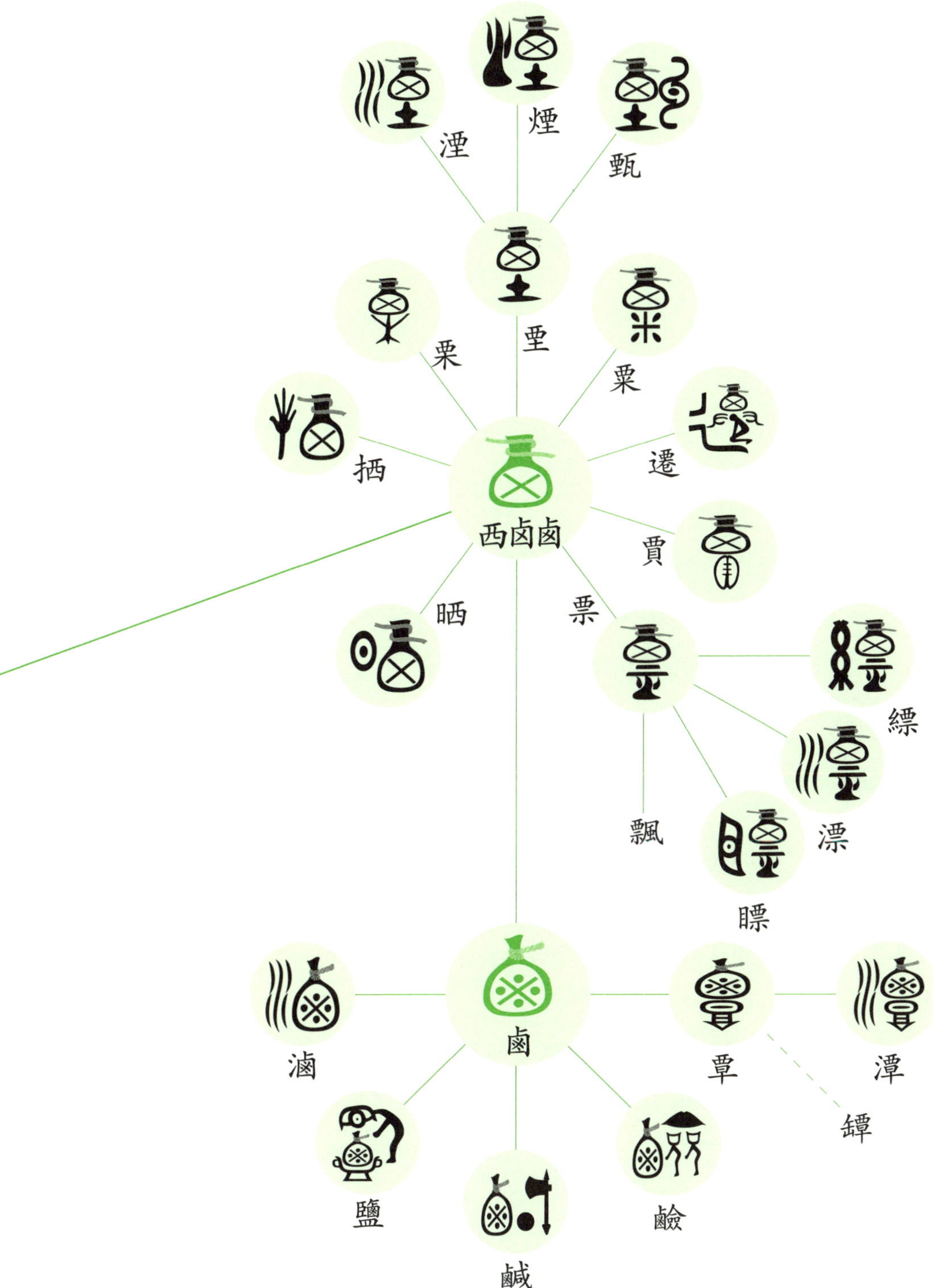

湮
煙
甄
垔
栗
粟
捱
遷
西囟卤
賈
晒
票
縹
漂
飄
瞟
滷
卤
覃
潭
鹽
鹹
鹼
罈

“己”的甲骨文、金文及篆体都是一条“绳子”，引申为自我约束的人，另一个篆体则像是一个屈膝的人，愿意虚心接受他人训诲。孔子劝告弟子要常常自我反省，并以礼来约束自己的行为，还要虚心接受他人的规劝。如何表达一位“自我约束的人”呢？《孔子家语》与《说苑》都说：“木受绳则直，人受谏则圣。”《荀子》也说：“故君子之度己则以绳，接人则用抴。度己以绳，故足以为天下法则矣”，因此，古人便以一条“绳子”来代表自我约束的“己”。“己”的衍生字都与“绳子”有关，其中，具有“约束、束紧”意义的有弗、弟、夷、弔、西；具有“结绳记事”意义的有纪、记、改；具有“量尺”意义的有尺、尤等。

用绳子捆绑

弗

fú

将弯曲的木头（ ）用“绳子”（，己）来矫正。

“弗”的甲骨文、金文意表将几根弯曲的木头用绳索绑紧，时间久了，木头就直了，因此，《荀子》说：“木受绳则直。”由于受绳矫正的木头就“不”再弯曲，此也象征人受绳子矫正则“不”作恶，所以“弗”引申为“不”，相关用词如自愧弗如。《说文》：“弗，矫也。”

費费

fèi

金钱（ ，贝）渐渐消耗“不”（ ，弗）见了。

吃饭、买东西、搭车、上学都要花钱，经济学上称它为“消费”，所花掉的金额，会计学上称为“费用”。“费”引申为消耗财物，相关用词如费用、花费、浪费等。

夷

yí

被一条“绳子”（ ，己）五花大绑以制服其野性的“人”（ ）。

《左传》记载：“纣有亿兆夷人”，这里所指的“夷人”就是被商纣王抓来当奴隶的外族。远古的中原人称西戎为羌，与“羊”为伍之人；称南方蛮为闽，与“虫”为伍之人；称北方外族为狄，与“犬”为伍之人；东方外族为貉，与“豸”为伍之人。无论东西南北的外族，都加上“动物偏旁”，而统称为“蛮夷”，被认为是一群没有文化的人，需要被教导与管束。如何约束呢？《汉书》说：“绳之以文武之道。”

“夷”除了代表外族之外，另一个引申义是平息、平定，相关用词如夷平、化险为夷等。

弔吊

diào

将死人（ ）缠裹（ ，己）。

“吊”的金文 、 代表“人”被“蛇”（ ，虫）缠绕，篆体 代表“人”被“绳子”缠绕。不让死者曝尸荒野，而将其缠裹人

金

篆

殓，这是对死者表达哀怜与尊敬的习俗。由构字演变，可以看出古人是借由蛇缠人的蛮荒现象逐步诠释将人缠裹的概念。“吊”引申义为哀悼、悲伤、怜悯等，相关用词如吊丧、凭吊、吊唁等。

弟

dì

受“绳子”（，己）约束的“弋箭”（）。“弟”的甲骨文、金文、、及篆体都是“弋、己”的合体字，代表将射雁的“弋”箭系上“丝绳”（，己）。弟，本义是一只以丝绳约束的弋箭，引申义为需受兄长约束的人，相关用词如胞弟等。《广雅》：“弟，顺也，言顺于兄。”弗、夷、弔（吊）、弟都是受“绳子”约束的人或物，但到了隶书，代表绳子的“己”（）都变成了“弓”（）。

甲 金 篆

悌

tì

为“弟”（）之“心”（，忄）。“悌”引申为对兄长恭敬顺从，儒家重视孝悌之道，在家孝顺父母，出外顺从兄长。《论语》：“其为人也孝悌，而好犯上者鲜矣。”《孟子》：“入则孝，出则悌。”

量测长短的绳子

对周朝人而言，绳子是量测的工具，不仅可以量距离，还可以用来测曲直，称之为“准绳”。《吕氏春秋》说：“欲知平直，则必准绳。”

尺

chǐ

以“绳子”（，己）来量测一个横躺的“人”（）。

古人很重视丧葬礼仪，人死了就要量身以制作棺木、丧服等。篆体、表示用一条绳子来量测一个横躺的人。在缺乏度量衡的时代，以绳子来量测长度是很实用的简便方法。“尺”引申为测量长度、测量长度的工具或单位，古人以十寸为一尺。

篆

古人以量尺来衡量所制作的家具、服装等，使其不要过长或过短，因此，量尺也引申出“限制”的含义。什么东西需要限制呢？周朝崇尚礼仪，说话与行为举止都要合于规范，尤其是“口舌”最容易惹出祸端，必须加以限制，于是造字者便由“尺”衍生出“局”这个字。

局

jú

以“尺”（）来衡量“口”（）中所说的话。

“局”的篆体表示将说话的口（）以量“尺”（）加以规范。“局”的本义是限制所说的话，引申为被局限的空间、机构或人员等，相关用词如邮局、饭局。《说文》：“局，促也，从口在尺下。”“局”所衍生的字有焗、偈、踻等。这三个字都有被限制在一个范围之内的意思，如“焗”是用“小火”煎烤——火被限制了；“偈”是狭小空间——人被限制了；“踻”是拘谨不安的样子——足被限制了。

尤

yóu

一只异于常人的长手臂。

金文  是一只手，但手指长度超乎常人，所以在手指上加上一横，这是古人常用的指事造字法。篆体  、  是在一只手臂旁边添加一条曲线，这条线是测量手臂长度的“绳尺”（相同的构字概念请参见尺），表示一只长度超乎常人的手臂。“尤”引申为更加、特别、怪异，相关用词如尤其、尤物等。就、抛、尴尬是以“尤”为义符所衍生的字，都隐含长手臂的含义。“尴尬”表示因为拥有怪异的身材而显得难堪。“尤”是义符，怪异。“监”与“介”是声符。

金

篆

就

jiù

以异于常人之“长手臂”（，尤）攀登到“极高的城楼”（，京）。

“就”引申为达到、靠近，相关用词如就近、就职等。蹴，以“足”“就”近某物，如一蹴可成。抛（）表示以“长手臂”（，尤）用“力”（）投（，扌）出去。

篆

结绳记事

《易经》说：“上古结绳以治，后世圣人易之以书契。”在文字未发明以前，古人用结绳以记事，大结代表发生过的大事，小结则代表小事，因此，具有“纪录”的含义，然而，文字发明以后，记事的方式便分成两种，为了区分，古人便以代表使用“结绳”记事，并以代表使用“文字”记事。

紀纪

jì

结绳（，糸）以“记事”（，己）。
古人以绳结来记录所经过的时间、年龄或所发生的事件，所以年龄又称为“年纪”，其他相关用词如世纪、纪录、本纪、纪念等。

記记

jì

将他人所“言”（）之事，以文字“记录”（，己）下来。

改

gǎi

修正（）“纪录”（，己）也。
篆体是手持工具（，攴）修正绳结的纪录（，“己”是“纪”的本字），“改”引申为变更、更正，相关用词如更改、改良等。

“西”——束紧布袋的绳子

或卤、卥。用“绳子”（，己）将“袋子”（）束紧。

西

xī

“由”的甲骨文是一个开口的布袋，而“西”的古字为卤、卥，其甲骨文及金文、是一个开口合拢的布袋，代表装满了物品。金文及篆体更在袋口处打一个绳结，这是装满东西之后，将绳子束紧的符号。后来，篆体、更明确地以“己”（）来表示“绳子”。到了隶书，再将“己”简化为“一”。“西”的本义是装满了一布袋的东西，由西所衍生的汉字都具有此本义，如粟、栗、覂等。另外，西除了代表一麻袋物品之外，也代表方位，古代的西方（山西）产湖盐，他们使用麻袋来装运（请参见“卤”），于是便以此麻袋的意象代表西方。相关用词如东西、归西、西沉等。东汉许慎认为“西”的篆体是一只鸟在鸟巢之上，恐怕是错将“己”看成“鸟”了。

甲 金 篆

将树（，木）上所结出的果实，放进麻“袋”（，西）中。

栗

lì

“栗”子是一种长在树上的坚果，果实外荚长满刺毛，甲骨文是一棵栗子树结满了果实，篆体、、将果实改成用绳子扎紧的袋子，代表装满一袋果实。《说苑》：“冬处于山林食杼栗。”

甲 金 篆

粟

sù

装满一“袋”（，西）小“米”（）。“粟”为穀粒的总称，未去壳的称为粟，去壳之后称为米。

垔

yīn

装满一“袋”（，西）的“土”（）。每当台风来临时，政府就会发放沙包，让民众防范淹水。这一招早在尧舜时期大洪水时，鲧就开始用了，如《尚书》记载：“鲧垔洪水。”“垔”后来改做“湮”引申为以土堵塞。

甄

zhēn

可制成“瓦”器（）的“一袋土”（，垔）。不是所有的泥土都可做成瓦器，制陶者懂得挑选可用之黏土，所以“甄”引申为挑选、审查，相关用词如甄选、甄审等。“甄”也是古代的制陶人，《汉书·董仲舒传》：“如泥之在钧，唯甄者之所为；犹金之在熔，唯冶者之所铸。”

煙烟

yān

用“整袋的土”（，垔）灭“火”（）。野外炊饭后，最常见的就是用土将炭火覆盖，然后就会看见炭火堆升起一缕黑烟。“烟”本义为灭火后所产生的烟气，引申为燃烧后所产生的气体，相关用词如油烟、炊烟等。

湮

yān

用“一袋袋的土”（ ，垔）防堵“水”患（ ，氵）。

“湮”引申义为掩盖、堵塞。相关用词如湮塞、湮灭等。

篆

晒

shài

将满袋物品（ ，西）摊在“太阳”（ ，日）下。

拪

qiān

手（ ，扌）提着满“袋”（ ，西）的东西。

“拪”是“迁”的古字。

篆

篆

篆

遷 迁

qiān

“奴仆”（ ，巳）双手（ ，廾）抬着满袋物品（ ，西）走在路上（ ，辶）。

篆

賈 贾

jiǎ

或gǔ。将一袋商品（，西）转换成“钱”（，贝）。

商人能将货物变卖成钱，也能用钱购进商品。“贾”引申为商人、购买、商品等，相关用词如商贾、贾物。

篆

票

piào

将一“袋”废弃物（，西）置于大“火”（）之“上”（二）。

篆体是两手将一袋废弃物扔到火里焚烧的象形文，由于东西烧了就化成灰烬随处飘，于是引申为可随风飘的东西，相关用词如钞票等。“票”为“飘”的本字。

篆

漂

piāo

或piào，piǎo。在“水”（，氵）面上“飘”动（，票）。

篆

縹 缥

piǎo

或piāo。丝绳（，糸）在染料上“飘”（，票）动。

“缥”的本义为染色，如《楚辞》：“翠缥兮为裳。”就是将织布漂染成翠绿色以制作衣裳。“缥”引申为染色的丝织品。

篆

瞟

piǎo

“眼睛”（，目）快速“飘”（，票）过。

“瞟”引申义为偷看、斜看。

篆

標标

biāo

树“木”（）末端会随风“飘”摇（，票）的部分。

“本”是指树木中屹立不摇的部分，是树的根基，而“標（标）”则是指会摇动的部分，是树的末端。古人治病，讲求治标，更讲求治本，病的根源若治好，病症自然也就痊愈了。“标”引申为事物表面看得见的部分、将事物显明出来，相关用词如治标、商标、目标、标明等。

篆

一袋粗盐

鹵卤

lǔ

将晒干的湖盐装成一“袋”（，西）。

“鹵”的金文像一袋细小的东西，也就是有价值的小东西，古人采得粗盐就把它装袋带回去。篆体则是调整笔顺后的结果。“卤”引申为有咸味的东西。盐的来源有海盐、湖盐、岩盐、井盐。中国古代山东一带产海盐，山西产湖盐，产地在现今的山西运城的盐池，当时称为卤或盐卤，《史

金

篆

记》记载：“山东食海盐，山西食盐卤。”战国时期的井盐则主要生产于四川。“卤”的本义是将晒干的湖盐装成一袋，除了代表有咸味的粗盐之外，也引申为将东西装袋，如《汉书》：“卤获马牛羊万余。”其中的“卤获”就是“掳获”的意思。

鹽 盐

yán

将粗制的“卤”盐（ ）倒进“盆”（ ，皿）里，再低头检查（ ，卧）以去除杂质。

对于古代的中原人而言，盐是非常有价值的调味品与防腐剂。巴蜀之地盛产岩盐，两千多年前，当地的盐业就极为发达，盐井遍布，但也引起边境的秦国与楚国的觊觎，最终导致巴国的灭亡。就汉字而言，天然而未经处理的粗盐称为“卤”（ ），去除杂质之后称为盐。“盐”就是描写将粗制的卤盐倒进盆里，仔细检查以去除杂质的情景。《广韵》：“卤，盐泽也，天生曰卤，人造曰盐。”“鹽”的简体字为“盐”。

滷

lǔ

用“卤”（ ）盐水（ ，氵）调制食物。

相关用词如滷肉、滷汁等。

鹼碱

jiǎn

全（ ，佥）都受到“卤”盐（ ）浸染。“碱”与“咸”通用。相关用词如碱性、咸味等。

鹹咸

xián

全（ ，咸）都受到“卤”盐（ ）浸染。

篆

覃

tán

或qín。**“厚厚”（ ）的“卤”盐（ ）。**金文 及篆体 是由“卤”（ ）与“厚”（ ）所组成，本义为浓厚的盐味，引申为味道浓厚、深厚，相关用词如覃恩（厚恩）、覃思（深思熟虑）等。 、 、 、 都是厚的古字，代表在山厓上的大石块一层层往下压。

金

篆

篆

潭

tán

深（，覃）水（，氵）池也。

蕈

xùn

味道浓厚（，覃）的真菌植物（，艹），如香菇、蘑菇等。

索引

A

癌　89
艾　14
岸　76

B

芭　14
疤　89
笆　35
柏　46
班　42
版　89・96
絆绊　131
邦　18・22
梆　18
綁绑　18
苞　14
孛　18・23
倍　56
悖　24
奔　14・15
本　48・49
苯　47
笨　35
繃绷　131
筆笔　34
閉闭　70・72
編编　131
辮辫　131
變变　130・153
標标　168
繽缤　131
秉　105・112
柄　46
稟禀　104・108
疒　89
病　89・95
缽钵　47
勃　18・24
脖　18
箔　35
不　8・9
部　58

C

猜　18
才　45・62・71
材　46・70・71
財财　70・72
裁　70・74
綵彩　131
菜　14・15
參参　28
藏　88
曹　65・69
槽　65
草　8・12・11
策　35・121
插　76・77
柴　46
豺　70
產产　25・27
剷铲　25
懺忏　25・31
朝　8・11
潮　8・12
陳陈　65・68
稱称　104
程　104・115
秤　83

癡痴 89
弛 130
尺 156・161
呎 156
敕 97
愁 105
綢绸 131
籌筹 35
芻刍 13・14
犓 14
雛雏 14
楚 46・61
畜 130・132
揣 40・41
踹 40・43
瘡疮 89
床 91
牀床 89・91
春 8・10
椿 8
純纯 131
瓷 156
慈 130・148
辭辞 130・134
朿 103・119・120
刺 119・120
蔥葱 14
篡 35・37
邨 8
存 70・71

D

答 35・38
瘩 89
戴 70・74
稻 104・106
等 35・36
笛 35
弟 156・160
帝 9
第 35・156
睇 156
綈绨 131
靛 18
弔吊 156・159
牒 89・96
蝶 46・53
東东 4・45・62・65
凍冻 65
動动 65・67
棟栋 65・66
痘 89
毒 18・22
端 40・41
㡭 130
斷断 130・151
鈍钝 8
頓顿 8

F

筏 35
棥 46・61
樊 46・61
緐 131・144
範范 35
芳 14
紡纺 131
菲 14
狒 156
沸 156
費费 156・159
痱 89
芬 14
紛纷 131

封　18・21
峰　18
烽　18
蜂　18
瘋疯　89
鋒锋　18
豐丰　18・20
夆　18・22
逢　18
縫缝　131
奉　18・19
佛　156
否　8・10
麩麸　104
麬　104
弗　156・158
芙　14
拂　156
彿佛　156
氟　156
符　35
婦妇　123・124

G

改　156・163
肝　76
柑　46
竿　35・78
扞　77
杆　78
矸　76
稈秆　76・78
趕赶　76・77
趕赶　76
干　45・62
綱纲　131
篙　35
稿　104
縞缟　131
疙　89
給给　131・142
根　46
庚　76・80
耕　63
勾　156
鉤钩　156
苟　156
岣　156
狗　156
枸　156
蚼　156
坸　156
夠够　156
乖　76
關关　130・149
管　35
歸归　123・125
桂　46
鯀鲧　131・147
果　46・48・50
菓　46
粿　46

H

鼾　76
罕　76・79
汗　76
旱　76・78
禾　103
和　105・116
荷　14
龢　105・116
痕　89
紅红　131

後后 130・136
互 156
花 13・14
幻 130・133
瘓痪 89
荒 14
卉 14・15
彗 18・19
慧 18・19
繪绘 131
穫获 104・106

J

箕 35
緝缉 131・141
璣玑 130
機机 130
積积 104・119・122
磯几 130
雞鸡 130
級级 131
疾 89・95
棘 119・120
耤 63・64
藉 63・64
籍 35・63・64
己 127
幾几 130・150
季 104・118
紀纪 131・156・163
記记 156・163
稷 104・107
績绩 119
蹟迹 119
繫系 131・141
繼继 130・151
莢荚 14
賈贾 157・167
稼 104
奸 76
戔 30
兼 105・112
箋笺 35
殲歼 25・31
柬 97
揀拣 97・100
繭茧 131・145
簡简 35
鹹咸 157・170
鹼碱 157・170
箭 35
諫谏 97・100
將将 89・93
薑姜 14
獎奖 89・93
蕉 14
絞绞 131
叫 156
訐讦 76・77
絜 131・142
節节 35
潔洁 130・143
芥 14
筋 35・38
緊紧 131・140
浸 123・124
禁 46・60
荊荆 14
莖茎 13・14
菁 14・18
晶 28
經经 131・137
精 18
靖 18

静静 18
糾纠 131
揪 105
啾 105
韭 25・30
疚 89
就 156・162
拘 156
局 156・161
侷局 156
桔 46
菊 14
焗 156
跼局 156
橘 46
蒟 156
句 156
絹绢 131
絕绝 131・143

K

刊 76・79
康 76・80・81
慷 76・81
苛 14
科 104・114
棵 46
稞 46
顆颗 46
夠 156
苦 14
夸 83
誇夸 83
垮 83
跨 83
筷 35
筐 35
亏 83・85
虧亏 45・85

L

辣 97・98
來来 104・107
賴赖 97・98
闌阑 97・100
蘭兰 14・97
籃篮 35
瀾澜 97
懶懒 97・98
纜缆 131
嫘 131
耒 4・45・62・63
累 131・145
梨 105
犁 105
黎 105
籬篱 35
李 46・48・51
利 105・113
荔 14
俐 105
莉 14・105
栗 157・164
秝 104
笠 35
痢 89
歷历 104・109
曆历 104
礫砾 130
蓮莲 14
廉 105・112
聯联 130・149
煉炼 97
練练 97・100
戀恋 131・155

糧粮 65・68
量 65・67
林 46・60
廩廪 104・109
苓 14
菱 14
柳 46
隆 25・26
㝫 25
窿 25
簍篓 35
蘆芦 14
卤 157
鹵卤 157・168
滷卤 157・169
䜌 131
巒峦 131・155
孿孪 131・155
孌娈 130・154
鑾銮 130・153
鸞鸾 130・154
亂乱 130・134
綸纶 131
羅罗 130・139
騾骡 131
籮箩 35
祼 46・51
落 14
絡络 131
率 130・136

M

麻 32
麥麦 104・107
蠻蛮 131・155
芒 14
莽 14・16
茻 14・15
茅 14
昴 29
茂 14
麼么 32
莓 14
梅 46
媒 46
妹 47
昧 50
寐 47・89・92
綿绵 131・138
緬缅 131
麪面 104
苗 14
緲缈 131
廟庙 8
茗 14
摹 14
模 14
膜 14
摩 32
磨 32
抹 47
末 48・49
茉 14・47
沫 47
莫 14・16
秣 47
漠 14
寞 14
瘼 14
謀谋 46
某 46・48・51
木 45・4
苜 14
墓 14・17
幕 14・16

慕 14・16
暮 14
穆 105・113

N

納纳 131・142
年 105・114
廿 52
紐纽 131・140
瘧疟 89

O

甌瓯 156

P

杷 46
牌 89
攀 46・61
爿 45・62・87
胚 55
陪 57
培 56
賠赔 57
轡辔 131・142
抨 83
篷 35
丕 54
枇 46
疲 89
篇 35
片 45・62・89
漂 157・167
縹缥 131・157・167
飄飘 157
瞟 157・168
票 157・167
朩 32
平 83・84
坪 83
瓶 156
苹 14・83
評评 83
剖 57
咅 55
莆 14

Q

桼 52
漆 47
齊齐 104・111
綺绮 131
栖 157・166
牽牵 130・132
遷迁 157・166
籤签 25・31
箝 35
倩 18
戕 88
薔蔷 14
牆墙 89
鍬锹 105
愀 105
茄 14
侵 123・125
芹 14
秦 104・117
寢寝 89・92
青 18・23
清 18
蜻 18
鯖鲭 18
情 18
晴 18
氰 18
請请 18
秋 105・114

鰍鳅 105
虬 156
蚪 156
觓 156
趨趋 14
劬 156
朐 156
斪 156
痤 89
瘸 89

R

繞绕 131
熱热 46・59
蓉 14
瑞 40・41

S

卅 52
散 32・33
掃扫 123・124
嗇啬 104・109
森 46・60
紗纱 131
篩筛 35
曬晒 157・166
疝 89
稍 104
芍 14
紹绍 131
滲渗 29
生 25・26
牲 25・27
笙 25・35
甥 25
繩绳 131
溼湿 131
濕湿 131・152
十 52
士 94
示 9
世 52
勢势 46・59
筮 35
噬 35
收 156
瘦 89
蔬 14
黍 104・106
薯 14
束 45・98
樹树 46
摔 130
稅税 104・115
絲丝 129
松 46
甦苏 25
糸 127・128
素 18・23
速 97・98
粟 157・165
肅肃 89・90
蒜 14
算 35・36
綏绥 131・140
穗 104
孫孙 131・147
筍笋 35・37
縮缩 131
索 131・147

T

苔 14
覃 157・170
潭 157・171
罈坛 157

唐　76・80・81
桃　46
萄　14
疼　89
梯　156
銻锑　156
涕　156
悌　156・160
天　9
童　65・68
筒　35
統统　131
痛　89
透　105
禿秃　104・118
湍　40・43
屯　8・10
囤　8
飩饨　8

W

瓦　156
彎弯　130・153
灣湾　130
網网　131・139
薇　14
維维　131・139
委　104・117
萎　14
緯纬　131
未　48・49
瘟　89
紋纹　131
紊　131
甕瓮　156
污　83・86
瘔　89・92

X

西　157・164
奚　130・135
溪　130
蓆席　14
系　127・128
係系　131・146
細细　131
韱　25・30
纖纤　25・131
弦　130・132
㬎　131
顯显　131・152
線线　131・137
縣县　131・146
香　104・108
箱　35
蕭萧　14・91
笑　35・37
褻亵　46・59
芯　14
辛　9
薪　14
星　25・28
猩　25
惺　25
腥　25
醒　25
杏　46・48・51
性　25・27
姓　25・26
秀　105・113
琇　105
綉绣　105
繡绣　131
絮　131・138
蓄　130・132

緒绪 131
續续 131
蓿 14
軒轩 76・79
玄 127・128
懸悬 131・146
炫 130
眩 130
雪 19・20
薰熏 14
蕈 171

Y

芽 14
菸烟 14
湮 157・165
煙烟 157・165
筵 35
鹽盐 157・169
甗 156
秧 104
瘍疡 89
癢痒 89
幺 128
窈 130
藥药 14・130
枼 46・48・53
葉叶 46・48・53
夷 156・159
姨 156
胰 156
移 104・110
椅 46
疫 89
埶 46・58
藝艺 46・59
茵 14
垔 157・165
英 14
縈萦 131
庸 76・80・82
幽 130
尤 156・162
疣 89
莠 14・105
幼 130・134
柚 46
誘诱 105
迂 83・86
盂 83
瘀 89
于 5・45・62・82
汙 83
盂 83・86
竽 83・87
雩 83・85
輿舆 65・66
宇 83・84
芋 35
癒愈 89
籲吁 83・87
淵渊 89・90
約约 131・143
粵粤 83
樂乐 46・130・150
籥钥 35・39
雲云 9

Z

哉 70・73
栽 46・70・73
載载 70・75
在 70・71
簪 35
臧 88
葬 14・17

臟脏 90
遭 65・69
糟 65
早 8・11
棗枣 119・120
責责 119・121
甑 156
紮扎 131
齋斋 104・111
債债 119・122
蔗 14
甄 157・165
箴 35
疹 89
蒸 14
箏筝 35・38
整 97
症 89
芝 14
枝 46
織织 131
執执 46
芷 14
紙纸 131
制 50
秩 104
痔 89
痣 89
製制 50
緻致 131
終终 131
種种 104・110
重 65・67
紂纣 131・140
皺皱 14
縐绉 14
帚 103・123
朱 47・48・49
侏 47
茱 47
珠 47
株 47
蛛 47
誅诛 47
苧苎 14
柱 46
筑 35・39
箸 35
耑端 4・40
篆 35
妝妆 89・92
莊庄 14
壯壮 89・94
狀状 89・93
惴 40・42
綴缀 131・138
訰 8
桌 46
卓 8・12・11
叕 139
茲兹 127・129
孳 130
紫 131
綜综 131・144
總总 131
縱纵 131
鄒邹 14
租 104・115
組组 131・144
纂 35・37